Würzen

einfach besonders | besonders einfach

Bettina Matthaei

Würzen

einfach besonders | besonders einfach

Fotos: Westermann Studios GbR
Jan-Peter Westermann,
Nikolai Buroh, Bea Singer

AROMEN KOMPONIEREN

Kochen ist für mich ähnlich kreativ wie das Schreiben eines Drehbuchs oder das Entwerfen eines Charakters. Ich habe ein Ziel vor Augen und verschiedene Mittel und Wege, es zu erreichen. Gutes Handwerk ist ebenso Voraussetzung wie Fantasie, Kreativität und Spontaneität.

Beim Kochen sind zunächst die Zutaten und deren Kombination wichtig. Wie schmecken sie im Einzelnen, und wie passen sie optimal zusammen? Dazu kommt die Frage des Anlasses: Soll es einmal schnell gehen, oder nehme ich mir viel Zeit zum Kochen für einen genussreichen Abend mit Freunden.

Dann stellt sich die entscheidende Frage der Lust. Wonach ist mir heute? Möchte ich ein leichtes, anregendes, ein tröstlich warmes oder ein aufregend exotisches Essen. Welche Geschmacksrichtung entspricht dieser Lust am ehesten. Oder, was mögen meine Freunde und womit kann ich sie am meisten erfreuen?

Wenn man entspannt und neugierig auf Unbekanntes ans Kochen herangeht, wird man merken, dass es unendlich viele Möglichkeiten gibt, ein Gericht immer wieder anders schmecken zu lassen, indem man es anders würzt.

Meine Liebe für Curry beispielsweise brachte mich anfangs dazu, herauszufinden, wonach Curry eigentlich schmeckt. Erst habe ich fertige Mischungen miteinander verglichen, dann eigene entwickelt und mich immer mehr mit Gewürzen und ihren wunderbaren Aromen beschäftigt.

Doch es sind nicht die Gewürze allein. Jedes Lebensmittel hat seinen eigenen Geschmack, den man grob nach den vier grundsätzlichen Geschmacksempfindungen einteilt: süß, sauer, salzig und bitter. Wenn man diese Lebensmittel in ihrer Funktion in einem Gericht ähnlich wie Gewürze versteht, wird man sie gezielt verwenden und kontrastreich miteinander kombinieren können.

So entstand dieses Buch mit vier Kapiteln, die den vier Geschmacksrichtungen und der Empfindung »scharf« gewidmet sind und die zeigen, dass nicht nur Zucker und Honig süß oder Zitrone und Essig säuerlich würzen. Es schließt sich ein Kapitel über Gewürze und Gewürzmischungen an sowie der große Rezeptteil mit vielen Würzvarianten, der die Praxis des Würzens nahe bringt.

Ich danke meinem einfallsreichen Gemüsehändler, meinem fachmännischen Fischhändler, meinem freundlichen Gewürzhändler und meinem Mann, der unverdrossen und aufgeschlossen alle Gerichte getestet hat.

Workshop: ein kleiner Kurs über das Würzen, Schmecken und über neue Geschmackserlebnisse.

Rezepte: einfach köstlich gewürzt und raffiniert abgeschmeckt. Mit vielen Vorschlägen für Würzvarianten.

Nachschlag: Gewürzglossar, Getränketipps und Register.

Gebrauchsanleitung: Jeder der vier Geschmacksempfindungen, salzig – süß – sauer – bitter, ist ein eigenes Kapitel gewidmet, in denen bekannte und weniger bekannte Würzmittel und Lebensmittel vorgestellt werden – als Anregung für abwechslungsreiches, kreatives Würzen. Dazu kommen geschmacksspezifische Mischungen und Rezepte.

SCHARF IST KEIN GESCHMACK?

Tatsächlich wird Schärfe wie ein Schmerz registriert, und wer einmal in eine ungewohnt scharfe Chili gebissen hat, kann das bestätigen. Aber gerade dieser Schmerz setzt körpereigene Endorphine frei, die nach einem scharfen Essen diesen so angenehmen Zustand von Zufriedenheit hervorrufen. – Das ist vielleicht die Ursache, warum so viele Menschen geradezu süchtig nach Schärfe sind. Außerdem sind die meisten scharfen Lebensmittel und Gewürze nicht nur scharf, sondern auch hoch aromatisch und wohlschmeckend – Grund genug für ein ausführliches Scharfmacher-Kapitel.

UMAMI, DER 5. GESCHMACK

Seit einiger Zeit wird über eine fünfte Geschmacksempfindung gesprochen, die die Japaner Umami nennen, was übersetzt so viel wie wohlschmeckend heißt. Umami wird am ehesten mit dem Geschmack von Hühnerbrühe, reifem Käse, Schinken und Sojasauce beschrieben. Da all diese Beispiele aber auch salzig schmecken, werden sie dem Kapitel »Salzig« zugeordnet und dem Thema Umami kein eigenes Kapitel gewidmet.

SINGLE-GEWÜRZE & GEWÜRZMISCHUNGEN

Zu den 24 am häufigsten verwendeten Gewürzen werden im Glossar Geschmack, Aroma und Anwendung beschrieben. Dazu gibt es jeweils ein Minirezept, um eben dieses Gewürz besser kennen zu lernen.
In einem eigenen ausführlichen Kapitel geht es um das Herstellen und Lagern eigener Gewürzmischungen und deren Anwendung. Dennoch sind im Rezeptteil dieses Buches immer einzelne Gewürze angegeben, gegebenenfalls mit einem Hinweis auf eine an anderer Stelle vorgestellte oder käufliche Mischung. So kann jeder entscheiden, ob er mit einer Mischung oder individuell würzen möchte.

GESCHMACKSERLEBNISSE & WÜRZVARIANTEN

Bei Pesto denkt man zunächst an das klassische Rezept »Pasta Genovese« und bei Kartoffelpüree an Muskat als Gewürz der ersten Wahl. Doch neue und überraschende Geschmackserlebnisse finden sich in diesem Buch auf allen Rezeptseiten, auf denen es um Gerichte-Varianten geht – manchmal auf einem Grundrezept basierend, aber immer wieder erstaunlich anders im Geschmack.
Würzvarianten dagegen stehen unter den ausführlichen Rezepten. Mal sind sie wie ein kurzes Rezept gefasst, mal geben sie schnelle Anregungen, welche Gewürze oder Zutaten man für eine neue Geschmacksrichtung austauschen kann.

EINFACH BESONDERS – BESONDERS EINFACH

Jedes Kapitel beginnt mit einfachen, auch für Kochanfänger geeigneten Rezepten und steigert sich zu etwas komplexeren, aber nicht komplizierten Rezepten. So wird gezeigt, wie mit den richtigen Würzzutaten selbst das einfachste Gericht »einfach besonders« schmecken kann.

WORKSHOP WÜRZEN

SALZIG

Wenn ich wählen müsste unter den vier Geschmacksempfindungen – ich würde mich für das Salz entscheiden. Zwar hat Salz keinerlei Aroma, dafür aber einen kräftigen – eben salzigen – Geschmack, der den Eigengeschmack der einzelnen Lebensmittel deutlich hebt. Ein Zuviel davon wird jedoch schnell als unangenehm empfunden. Wie wundervoll und unverzichtbar Salz tatsächlich ist, merkt man immer erst dann, wenn es fehlt. Salzlos gegartes Gemüse, Pellkartoffeln oder eine Tomate ohne Salz, ein Frühstücksei ohne die notwendige Prise – für mich ganz unvorstellbar.

Salz verbirgt sich oft in anderen Lebensmitteln und kommt so gepaart mit vielen spannenden Aromen als aufregender Salzigmacher daher: als köstlicher Parmaschinken, als gut gereifter Käse, als Olivenpaste oder Anchovisfilet.

Salziges verträgt sich übrigens überraschend gut mit süßen Dingen. Versuchen Sie einmal Honig auf einem Brötchen mit Salzbutter – einfach köstlich. Auch an jeden Kuchenteig gehört für mich eine gute Prise Salz.

Salz, unser Würzmittel Nummer 1, steigert

den Eigengeschmack der **anderen Zutaten.** Ob aus dem Streuer oder aus der Mühle: Man sollte es immer **sparsam** dosieren.

STEINSALZ

Das ursprünglich graue Steinsalz wird aus unterirdischen Lagern abgebaut. Es entstand aus Meerwasser, das vor 200 Millionen Jahren verdunstete. Unbehandelt ist es besonders reich an Mineralien und Spurenelementen. Es wird in verschiedenen Feinheitsstufen angeboten.

MEERSALZ

Meersalz wird in Salzgärten (angelegten Wasserbecken) z. B. in Frankreich, Afrika, Portugal und Spanien durch Verdunstung aus Meerwasser gewonnen. Ohne weitere Bearbeitung enthält es wichtige Mineralien und Spurenelemente. Bio-Meersalz stammt aus besonders sauberen Gewässern.

SIEDESALZ/SALINENSALZ

Dieses Salz wird aus den Salzschichten im Gestein gewonnen, indem man Grundwasser darüber bzw. hindurch leitet, das das Salz auflöst. Die so gewonnene Salzlösung wird dann eingedampft. Von diesem Verfahren seiner Herstellung leitet sich auch der Name Kochsalz ab.

SPEISESALZ/TAFELSALZ

Durch weitere Verarbeitungsschritte entsteht aus Steinsalz oder Meersalz raffiniertes, weißes, rieselfähiges Speise- oder Tafelsalz, das auch mit gesundheitsfördernden Zusätzen angeboten wird: mit den Mineralstoffen Jod und Fluorid sowie mit Folsäure, der Vorstufe eines B-Vitamins.

Feinschmeckersalze aus der ganzen Welt

Aufwändig auf traditionelle Weise gewonnen, ursprünglich im Geschmack und reich an Mineralien, sind sie allseits begehrt.

SEL DE GUERANDE

Viele Feinschmecker schwören auf das aromatische (Fleur de) Sel de Guerande aus der Bretagne mit seiner typischen gräulichen Farbe und den unregelmäßig geformten Kristallen. Den Namen »Fleur de Sel«, Salzblume, hat dieses Salz von der blütenartigen Struktur der großen Salzkristalle.

MALDONSALZ

Aus England kommt dieses begehrte Salz. Das naturbelassene Meersalz bildet charakteristische, pyramidenförmige Kristalle und ist dabei so zart, dass man es leicht zwischen den Fingern zerkrümeln kann. Es ist kräftig salzig im Geschmack und sollte daher sparsam dosiert werden.

SCHWARZES SALZ

Aus Indien und Pakistan kommt das Schwarze Salz. Es ist pulverfein gemahlen, rosagräulich und hat ein ungewöhnliches Raucharoma. Es wird vorwiegend in Nordindien verwendet und ist Bestandteil der Chat Masala, einer Gewürzmischung für Obst- und Gemüsesalate.

HIMALAYASALZ

»Diamanten« nennt man die 3–6 cm großen Salzkristallbrocken auch. Denn in Form und Farbe erinnern viele an den weißen Kluntjes-Kandis. Manche »Diamanten« haben aber auch einen zarten Roséton. Man kann die Kristalle mahlen oder direkt über die Speisen reiben.

Neben dem puren Salz werden auch gerne **Salzmischungen** verwendet, beispielsweise Kräuter-, Knoblauch- oder Selleriesalz. In China wird Salz mit dem dort typischen **Fünf-Gewürz,** mit Szechuanpfeffer (Fagara) oder sogar mit Zimt vermengt. Solche Mischungen kann man leicht **selbst herstellen.**

Das Chinesische Fünf-Gewürz ist besonders interessant durch süße, scharfe und bittere Akzente.

Chinesisches Gewürzsalz

Diese Mischung ist in China ein typisches Tischgewürz. Einfach einmal auf Reis oder gegrilltem Fleisch versuchen!

2 EL Salz
1 TL Fünf-Gewürz (siehe unten)

Salz und Gewürzmischung miteinander vermischen.

INFO Chinesisches Fünf-Gewürz ist ein bräunlich rotes Pulver, das würzig blumig duftet und leicht bitter schmeckt. Es besteht zu gleichen Teilen aus Szechuanpfeffer, Sternanis, Gewürznelken, Zimtrinde und Fenchelsamen.

Gomasio klassisch

Aus Japan kommt Gomasio, eine Mischung aus Sesam und Meersalz. Gomasio einfach über gedämpftes Gemüse, Reisgerichte, Salat oder eine gebackene Kartoffel mit Quark streuen. Das Rezept ist ganz einfach:

1 EL grobes Meersalz
7 EL schwarzer Sesam

Salz in einer Pfanne unter Rühren bei mittlerer Temperatur erhitzen, bis es sehr heiß ist. Sesam dazugeben, rösten, bis er etwas dunkler wird und duftet. Die Mischung abkühlen lassen. Im Mixer nur ganz kurz mahlen.

Hot Gomasio

Ich habe das nebenstehende Grundrezept nach eigenem Geschmack variiert, wobei ich feststellen konnte, dass man anstelle von schwarzem auch sehr gut weißen Sesam verwenden kann.

3 EL ungeschälter Sesam
1 EL grobes Meersalz
1/2 TL Cayennepfeffer
4 EL geschälter Sesam

Ungeschälten Sesam in einer Pfanne ohne Fett rösten, bis er duftet und anfängt zu springen. Abkühlen lassen. Salz und Cayennepfeffer im Blitzhacker pulverisieren. Gerösteten Sesam 3–4 Sek. mitmixen. Mit dem geschälten Sesam mischen.

Trockenes Tomaten-Pesto

Eine würzig salzige Mischung, die man direkt auf Pasta streut oder kurz in etwas Olivenöl anschmort. Verfeinert Frischkäse, Schafkäse oder Crème fraîche zum Dip.

100 g getr. Tomaten (ohne Öl!)
200 g blanchierte Mandeln
2 EL getr. Knoblauchflakes
1 EL weiße Pfefferkörner
1 1/2 EL grobes Meersalz | 5 TL getr. Oregano
5 TL getr. Basilikum | 2 TL getr. Thymian

Die getrockneten Tomaten so fein wie möglich hacken. Zusammen mit den Mandeln im Blitzhacker weiter zerkleinern. Die Mandeln sollten wie grober Grieß sein. Knoblauchflakes, weiße Pfefferkörner und Meersalz fein mahlen. Die Hälfte der Kräuter zugeben, weiter fein mahlen. Gewürzmischung mit Mandeln, Tomaten und restlichen Kräutern gut vermengen. Hält im Kühlschrank mehrere Wochen.

Kräutersalz

Eine stark aromatische Salzmischung, die besonders gut zu Gerichten der mediterranen Küche passt. Ajowan kann durch Thymian ersetzt werden.

2 Lorbeerblätter
3 TL getr. Rosmarin
2 TL getr. Oregano
2 TL getr. Ajowan
1/2 TL getr. Lavendelblüten
200 g grobes Meersalz

Lorbeerblätter zerbröseln, mit den anderen Gewürzen und 3 EL Meersalz im Mixer (oder in der Mühle) fein mahlen. Diese Mischung mit dem Rest des Salzes mahlen.

Salz kommt nicht nur in Form weißer Körnchen in der Küche vor. Es steckt etwa auch in Oliven, in Hühnerbrühe und Speck, in Parmesan

BRÜHWÜRFEL & FLEISCHEXTRAKTE

Gekörnte Brühen und Brühwürfel auf Basis von Rinds- oder Hühnerbrühe verbinden Salziges und Würziges (Umami) mit dem typischen Fleischgeschmack. Sie sind ideale Basis für Suppen und Eintöpfe. Feiner, aber auch teurer sind die reinen Fleischextrakte und Fonds.

VEGETARISCHE PASTEN & EXTRAKTE

Für Vegetarier gibt es ein großes Angebot an Kräuter-, Pilz- und Gemüsebrühen als Würfel, gekörnte Brühe oder Fond im Glas. Schmackhaft sind auch Hefeextrakte aus Tube oder Glas, die sich nicht nur als Basis für eine Trinkbrühe, sondern auch als würziger Brotaufstrich eignen.

SOJASAUCEN IN VERSCHIEDENEN VARIANTEN

Sojasaucen haben inzwischen vielerorts die klassische Flüssigwürze verdrängt. Helle Sojasauce ist salziger und wird eher für Suppen, Dips oder Fisch verwendet. Dunkle Sojasauce ist süßer, würziger und dickflüssiger. Sie passt zu Schmorgerichten mit dunklem Fleisch.

MISO

Aus Japan kommen rote, weiße, gelbe oder braune Misopasten, die aus fermentierten Sojabohnen und anderen Zutaten bestehen. Miso wird hauptsächlich für Suppen verwendet, aber auch für Salatsaucen, Dips oder zu Reis, Gemüse und Tofugerichten.

OLIVEN

Oliven sind von Natur aus eher herb, ganz besonders die unreif geernteten grünen Oliven. Erst durch das Einlegen entsteht der salzige Geschmack. Die aus schwarzen Oliven hergestellte Tapenade sollte man zurückhaltend dosieren und bei ihrer Verwendung in Saucen kein weiteres Salz nehmen.

und Sojasauce. Überall dort verbindet sich Salz mit anderen **Aromen,** die Speisen mit immer neuen Geschmackserlebnissen **bereichern.**

FISCHSAUCE/AUSTERNSAUCE

Aus der südostasiatischen Küche sind Fischsaucen nicht wegzudenken. Die bekanntesten Sorten sind die thailändische Nam Pla und die vietnamesische Nuoc Mam. Austernsauce schmeckt übrigens kaum nach Austern, sondern angenehm würzig süßlich.

SARDELLEN/ANCHOVIS

Sardellen- bzw. Anchovispaste verwendet man gerne auf Sandwiches mit Ei und zum Abrunden von pikanten Saucen, z. B. für Königsberger Klopse. Deutlich würziger sind in Salz oder Öl eingelegte Sardellenfilets. Nach Belieben in Salz eingelegte Filets kurz wässern.

SCHINKEN/SPECK

Schinken und Speck sind erstklassige Salzlieferanten. Involtini und Saltimbocca leben von der salzigen Würze einer dünnen Scheibe Schinken. Speck kann sogar eine aufwändig gewürzte Sauce ersetzen, wenn man ihn würfelt und langsam zur Stippe ausbraten lässt.

PARMESAN/PECORINO

Diese ausgereiften harten Käse liefern nicht nur intensiven vollaromatischen Geschmack, sondern auch eine gute Portion Salz. Je länger sie reifen, desto würziger werden sie im Geschmack. Sind solche kräftigen Käsesorten im Rezept vorgesehen, sollte man mit Salz gleich etwas sparsamer sein.

TRASSI

Aus Indonesien kommt Trassi, eine salzige, scharfe und meist stark nach Fisch riechende feste Paste aus getrockneten Garnelen, die in der Konsistenz an Brühwürfel erinnert. Wegen ihres intensiven Geschmacks sollte sie sehr vorsichtig dosiert werden.

»Tomatensauce« ist oft die erste Assoziation, wenn man von Spaghetti spricht. Hier ein paar Inspirationen, wie man die Nudeln mit Salzigmachern ganz unterschiedlich würzen kann.

Tomatensauce besonders einfach und vier Mal anders

ZUBEREITUNGSZEIT: CA. 30 MIN.
KOCHZEIT: CA. 1 STD.
FÜR 4 PERSONEN

BASISREZEPT

2 Zwiebeln (150 g) | 2–3 Knoblauchzehen
1 Stange Staudensellerie | 1 Möhre
2 EL Öl | 3 EL Tomatenmark
200–250 ml Flüssigkeit (je nach Rezept)
1 große Dose geschälte Tomaten
Salz | schwarzer Pfeffer aus der Mühle
Gewürze je nach Rezept

Zwiebeln und Knoblauch schälen, fein hacken. Sellerie waschen und putzen, Möhre schälen. Beides fein würfeln. Zwiebeln im Öl 5–6 Min. glasig schmoren. Sellerie- und Möhrenwürfel hinzufügen und 2 Min. anbraten. Knoblauch zugeben, noch 1 Min. unter Rühren schmoren. Das Tomatenmark darin anrösten, bis es duftet. Sofort mit Flüssigkeit ablöschen. Tomaten etwas zerkleinern, zugeben. Salzen und pfeffern.
Gewürze nach Rezept zugeben. Die Sauce mind. 1 Std. auf kleinster Stufe offen köcheln lassen, gelegentlich umrühren. Wenn die Sauce zu sehr eindickt, etwas mehr Flüssigkeit zugeben. Nach Rezept abschmecken und anrichten.

1. GESCHMACKSERLEBNIS: **PECORINO**

Angeschmortes Gemüse (Basisrezept) mit 250 ml kräftigem Rotwein ablöschen. 1 Lorbeerblatt, 2 Zweige Rosmarin und 2 Gewürznelken mitköcheln lassen, am Ende herausfischen. Zwei Drittel von 125 g geriebenem Pecorino in der Sauce schmelzen lassen. Mit 1/2 TL Zimtpulver, 1 EL Ahornsirup, schwarzem Pfeffer und wenig Salz abschmecken. Mit den gehackten Blättern von 2–3 Stängeln Basilikum und dem restlichen Pecorino bestreuen.

2. GESCHMACKSERLEBNIS: **SPECK**

150 g durchwachsenen Speck sehr fein würfeln und mit den Zwiebeln (Basisrezept) auslassen, anschließend die Gemüsewürfel (ebenfalls aus dem Basisrezept) zugeben. Mit 250 ml kräftigem Rotwein ablöschen, 1 Lorbeerblatt und 2 TL Kräuter der Provence mitköcheln lassen. Das Lorbeerblatt am Schluss herausfischen. Mit schwarzem Pfeffer und wenig Salz abschmecken. Mit 1/2 Bund gehackter glatter Petersilie bestreuen.

3. GESCHMACKSERLEBNIS: **ANCHOVIS & KAPERN**

Angeschmortes Gemüse (Basisrezept) mit 250 ml Weißwein ablöschen. Mit 1 Lorbeerblatt köcheln. 4–5 Anchovis kurz wässern, abtupfen, fein hacken. 2 EL Kapern abbrausen, klein hacken. 150 g abgetropften Tunfisch aus der Dose (in Öl oder naturel) zerzupfen. Anchovis, Kapern und Tunfisch in der fertigen Sauce erwärmen. Diese mit Salz und Pfeffer abschmecken, mit gehackter Petersilie bestreuen.

4. GESCHMACKSERLEBNIS: **SOJASAUCE**

40 g fein gehackten Ingwer zusammen mit dem Gemüse (Basisrezept) anschmoren. Mit einer Mischung aus 125 ml Reiswein und 125 ml Gemüsebrühe ablöschen. Am Ende durchmixen und durch ein Sieb streichen. Mit 2–3 EL Sojasauce, wenig Salz und Cayennepfeffer abschmecken. Mit 1 Bund gehacktem Koriandergrün bestreuen und mit chinesischen Instant-Nudeln oder Reisnudeln servieren.

SCHARF

Manche Gerichte wären ohne diese aufregende Schärfe gar nichts Besonderes. Erst eine ordentliche Portion Chili macht Thai-Currys oder mexikanische Eintöpfe so himmlisch höllisch scharf und einfach unwiderstehlich.

Dabei gehört rein wissenschaftlich die Empfindung für Schärfe nicht zu den Geschmacksempfindungen, da andere Rezeptoren für ihre Wahrnehmung zuständig sind. Wenn man zum ersten Mal Chilis isst, spürt man tatsächlich nur brennende Schärfe, erst später kann man die Vielfalt der Aromen wahrnehmen, die selbst schärfste Chilis auch noch in sich haben. Schärfe wird zudem ganz unterschiedlich wahrgenommen, die Sensibilität dafür variiert von Mensch zu Mensch und nimmt bei regelmäßigem Chiligenuss nach und nach ab. Das erklärt, warum Mexikaner und Ostasiaten so viel Schärfe vertragen.

Aber nicht nur Chili lässt den Mund brennen, auch Meerrettich und Senf, Ingwer, Knoblauch und Zwiebel haben es in sich! Doch bei allen kommen zu der Schärfe so viele Geschmackselemente und Aromen dazu, dass wir die Schärfe als lustvoll empfinden und uns mit Freuden der vielen köstlichen Scharfmacher bedienen, um unser Essen damit aufzupeppen.

Chilis – feurige Scharfmacher aus Übersee

Vor 10 000 Jahren gelangten sie vom Amazonas nach **Mexiko** und von dort aus in die ganze Welt. Über **350 Sorten** gibt es heute.

FRISCHE CHILIS

Im Supermarkt bekommt man die Sorte »Dutch Red« sowie einige südeuropäische Arten (Peperoncini, Peperone) und kleine, sehr scharfe Thai-Chilis. Grüne Chilis sind unreif geerntet und etwas milder als reife, rote Schoten. Für mexikanische Sorten in Spezialgeschäften oder auf Märkten fragen.

CHILIS HALTBAR GEMACHT

Wer ausgefallene Sorten ergattert hat, kann sie mit einer Nadel auf einen Faden aufziehen und in der Sonne trocknen. Danach trocken, kühl und dunkel lagern. Getrocknet sind Chilis oft noch schärfer als frisch. Haltbar sind auch eingelegte Chilis, die aber an Schärfe und Aroma verlieren.

GEMAHLENE SCHÄRFE

Extrem scharfer Cayennepfeffer und mild bis kräftig scharfer Paprika sind die fein gemahlenen reinen Sorten; sie sind tiefrot. Chiligewürz ist ein Mix aus mehreren Chilisorten mit Zutaten wie Salz, Nelken, Piment und Knoblauch. Man kann Chilis auch geschrotet bekommen.

CHIILIS FLÜSSIG, CHILIPASTE

Seit über 130 Jahren gibt es »Tabasco« – das erste Markenprodukt seiner Art. Es gibt das klassische rote und das mildere grüne. Das asiatische Sambal Oelek ist beißend scharf, Sambal Manis süßlich und milder. In Nordafrika schärft man mit Harissa. All diese Pasten gibt es auch bei uns zu kaufen.

Pfeffer – bei uns die Nr. 1 der Scharfmacher

Schwarze, weiße, grüne Pfefferkörner – alle stammen vom selben Strauch. Erntezeit und Behandlung bestimmen Farbe und Aroma.

SCHWARZER PFEFFER

Für schwarzen Pfeffer werden die Beeren des Pfefferstrauchs direkt vor der Reife, gerade noch grün, geerntet und langsam getrocknet, bis sie schwarz sind. Sein Geschmack ist kräftig und aromatisch. Gemahlen verliert er zwar schnell an Aroma, doch im Ganzen ist er lange haltbar.

WEISSER PFEFFER

Hierfür werden reif geerntete Pfefferkörner mehrere Tage eingeweicht, bis die äußere Hülle vom Samenkern abgetrennt werden kann. Weißer Pfeffer ist schärfer und anders im Aroma als schwarzer Pfeffer und wird aus optischen Gründen gern für helle Saucen genommen.

GRÜNER PFEFFER

Grüner Pfeffer ist früh geernteter, noch ganz unreifer Pfeffer, der vakuumgetrocknet oder in Salzlake eingelegt wird. Er ist frisch im Geschmack und etwas weniger scharf als schwarzer oder weißer Pfeffer. Sehr gut harmoniert er z. B. mit Ingwer und Zitronengras sowie mit Zimt.

SZECHUANPFEFFER (FAGARA)

Er ist nicht mit dem Pfeffer verwandt. Bei ihm handelt es sich um die getrockneten Beeren eines Baumes, von denen nur die äußere Kapsel, meist geröstet, verwendet wird. Sein Aroma ist warm, holzig und ein wenig zitronenartig, die leicht prickelnde Schärfe entwickelt sich erst nach und nach.

Vorsicht mit **Chili:** Die **meiste Schärfe** steckt in den Trennwänden! Nach dem Schneiden immer gleich die Hände waschen. Gegen einen brennenden Rachen hilft kühler Joghurt!

Harissa, eine feuerscharfe Paste aus Tunesien, heizt Couscous und Tajines ordentlich ein und passt auch sehr gut zu gegrilltem Fleisch.

Harissa

Auch wenn Harissa als Fertigprodukt zu bekommen ist, wer die Paste selbst zubereitet, kann **die Dosierung der einzelnen Zutaten** ganz nach Geschmack variieren. Eine interessante **Würzvariante** ist auch die Zugabe von etwas getrockneter Minze und gemahlenem Zimt. Wenn man die Paste wie beschrieben mit etwas Öl bedeckt, ist sie im Kühlschrank **mehrere Wochen haltbar.**

50 g getrocknete Chilischoten
3 Knoblauchzehen
2 TL Kreuzkümmel
2 TL Koriandersamen
1 TL Kümmelsamen
1 EL Salz | 1–2 EL Olivenöl
Olivenöl zum Bedecken

Die Chilis putzen, längs aufschlitzen, die Samen entfernen. Mit kochendem Wasser begießen und etwa 15 Min. einweichen. Den Knoblauch schälen und hacken. Kreuzkümmel, Koriander und Kümmel fein mahlen. Alle Zutaten mit 1 EL Öl im Mixer verarbeiten. So viel weiteres Öl zugeben, dass eine eher feste Paste entsteht. In ein verschließbares Glas füllen, mit Öl bedecken.

Kokos-Chili-Sprinkle-Mix

Süß & scharf ist eine starke Kombination. – Diese Mischung passt nicht nur zur indonesischen Reistafel, sie peppt genauso gut Gemüsecremesuppen oder grüne Salate auf.

100 g Kokosraspel
100 g Sesamsaat, geschält
3 EL Koriandersamen
2 EL Cuminsamen
4–5 getr. Chilischoten
1 EL Rohrzucker | 2 TL Salz

Kokosraspel unter Rühren trocken goldgelb rösten. Sesam trocken rösten, bis er anfängt zu duften. Koriander und Cumin trocken rösten, bis sie duften, abkühlen lassen und mahlen. Von den Chilischoten die Samen entfernen, Schoten mahlen und 1 EL abmessen. Je ein Drittel der Kokosraspel und des Sesams mit den restlichen Zutaten im Blitzhacker fein zerkleinern. Mit den restlichen Kokosraspeln und Sesam gründlich mischen.

Chimichurri

Diese frische Petersiliensauce aus Argentinien erhält ihre Schärfe von Zwiebeln, Knoblauch, Cayennepfeffer und schwarzem Pfeffer. Nach dem Zubereiten 1–2 Std. ziehen lassen.

5 Frühlingszwiebeln | 5–6 Knoblauchzehen
2 Bund glatte Petersilie
4 EL Rotweinessig | Salz
1–2 TL schwarzer Pfeffer aus der Mühle
1/4 TL Cayennepfeffer
1 TL getr. Oregano | 25 ml Olivenöl

Frühlingszwiebeln waschen und putzen. Das Grün in feine Ringe schneiden, das Weiße sehr fein hacken. Den Knoblauch schälen. Petersilie waschen, trockenschütteln und fein hacken. Essig mit Salz, Pfeffer, Cayennepfeffer und Oregano verrühren. Das Öl nach und nach unterschlagen. Die frischen Zutaten untermischen.

Black Pepper-Lemon-Mix

Pfeffer und Knoblauch bringen hier Schärfe – aufgefrischt durch Minze und Zitrone. Passt zu gegrilltem Fisch, Steaks oder Quarkkartoffeln!

1 kleine Hand voll getr. Minze (ganze Blätter)
3 EL getr. Knoblauchflakes
2 EL gem. getr. Zitronenschale (Seite 36)
6 EL schwarze Pfefferkörner

Die Minze zwischen den Fingern fein zerreiben, die Stiele entfernen, dann 2 EL abmessen. Die Knoblauchflakes im Mörser zerkleinern, dann 2 EL abmessen. Alles zusammen mit dem Pfeffer nicht zu fein mahlen.

Zhug – »Hot Sauce« aus dem Jemen

Man streicht sie auf Brot, würzt damit Suppen und Eintöpfe. Mit Zitronensaft und Olivenöl wird eine Salatsauce daraus.

1 TL schwarze Pfefferkörner
1 TL Cuminsamen | 1/2 TL Kardamomsamen
2 Bund Koriandergrün | 4 Knoblauchzehen
4 kleine frische rote Chilis
Olivenöl zum Bedecken

Trockene Gewürze in einer Pfanne ohne Fett rösten, abkühlen lassen und fein mahlen. Koriander waschen, trockenschütteln, Blättchen abzupfen (sollte gut 1 Tasse voll ergeben). Knoblauch schälen. Chilis putzen, längs halbieren, Samen und Trennwände entfernen. Alles im Mixer zu einem Püree verarbeiten. In ein Glas füllen, die Oberfläche mit Öl bedecken, im Kühlschrank lagern.

Schärfe gibt es in allen Graden von mild bis höllisch scharf. Mal knackig-frisch, mal saftig-süß. Als Sauce, Paste oder Pulver.

SCHARFE GEWÜRZE

Senfkörner, Kümmelsamen und Gewürznelken sind deutlich scharf. Senf wird für indische Dals in Öl angeröstet und an das fertige Essen gegeben. Kümmel gehört zum deftigen Harzer Käse, zu Brot und zu Schweinebraten. Nelken geben neben Schärfe ein unverwechselbares Aroma an Glühwein und Schinken.

SCHARFES GEMÜSE

Rettiche schmücken jede Käseplatte und gehören zur bayerischen Brotzeit wie das Bier. Sie bringen Biss und Pep in frische Salate und haben es wie alle Scharfmacher gesundheitlich in sich: Rettichsaft mit Zucker ist ein bewährtes Hausmittel gegen Husten. Für diese Wirkung sind die im Rettich enthaltenen scharfen Senföle verantwortlich.

EXTRASCHARFE WURZEL

Meerrettich lockt die Tränen wie die schärfste Zwiebel und treibt den Schmerz bis unter die Kopfhaut. Ein Scharfmacher der Extraklasse, den man aber mit Butter, Eigelb oder Schlagsahne etwas mildern kann. Meerrettich gehört zu Karpfen und Tafelspitz. In Österreich wird er Kren genannt.

SCHÄRFE AUS KÖRNERN

Keine Bockwurst, keine Vinaigrette kommt ohne Senf aus. Er wird aus gemahlenen Senfkörnern, Salz und Essig hergestellt. Gewürze, Kräuter, Zucker, Früchte, Weißwein oder sogar Champagner geben unzähligen köstlich-scharfen Senfsorten den charakteristischen Geschmack.

DIE WUNDERWURZEL

Ingwerwurzel ist extrem vielseitig: unersetzlich in Wokgerichten, wärmend als Tee, pikant zu Sushis. Süß mit Zucker kandiert oder als Gewürz im Gebäck. Ingwer schmeckt zitronig-frisch und dabei beißend scharf. Am besten wird er frisch verwendet; getrocknet und gemahlen verliert er stark an Aroma.

Scharfes treibt uns die Tränen in die Augen und ist dabei **supergesund:** Meerrettich & Chilis enthalten drei Mal so viel Vitamin C wie Zitronen!

MEERRETTICH JAPANISCH

Scharf wie Meerrettich und frisch im Geschmack. Besser nur in winzigen Mengen verzehren! Frische Wasabiwurzel gibt es nur in Japan, bei uns erhält man Wasabi als Paste (Tube) oder als Pulver zum Anrühren. Wasabi ist ein Muss bei der Zubereitung von Sashimi und Sushi.

SCHARFES THAI-TRIO

Die Zutaten der typischen Thai-Pasten sind oft schwer zu bekommen. Da helfen die fertigen Currypasten für ein schnelles scharfes Gericht. Es gibt sie in Grün, Gelb und Rot – sie unterscheiden sich in Schärfegrad und Aroma. Gegen die Schärfe wird in der Thaiküche Kokosmilch zum Abmildern eingesetzt.

ZWIEBELSCHÄRFE

Die gelbe ist schärfer, die weiße milder, die rote Zwiebel dafür aromatischer und besonders gut im Salat. Schalotten für die feine Küche, die großen Gemüsezwiebeln werden gern gefüllt, und die zarten Frühlingszwiebeln passen besonders gut zur asiatischen Küche. Ihr Grün wird wie Schnittlauch verwendet.

SCHARF-AROMATISCHE KNOLLE

Vor allem für die mediterrane Küche ist der Knoblauch ein unverzichtbares Würzmittel. Ganz frisch geerntet ist er weniger »duftend«. Für den leichten Knofelgeschmack geeignet ist Schnittknoblauch: grün wie Schnittlauch, aber abgeflacht und mit typischem Knoblaucharoma. Gut für Frischkäse und über Suppen gestreut.

SCHARFE ASIA-SAUCEN

In asiatischen Supermärkten gibt es unzählige Sorten von scharfen Saucen. Die wohl bekannteste ist die hellrote süßscharfe Chilisauce zum Würzen von Hähnchen. Man erkennt sie an den vielen Chilisamen darin. Sie eignet sich auch zum Dippen. Die Schärfe anderer Saucen basiert auch auf Zwiebeln oder Pfeffer.

Scharf ist nicht gleich scharf: Vier pikante Saucen machen zart-saftige Schweinemedaillons immer anders »hot« – mal **feurig** und brennend, mal **fruchtig**-aromatisch, mal mild-würzig, mal frisch und scharf.

Grundrezept Schweinemedaillons

ZUBEREITUNGSZEIT: CA. 20 MIN.
FÜR 4 PERSONEN

4 Schweinemedaillons (à 120 g)
Salz
schwarzer Pfeffer aus der Mühle
20–30 g Butterschmalz

Ofen auf 100 °C (90 °C Umluft) vorheizen. Medaillons trockentupfen und evtl. etwas flach klopfen. Leicht salzen und pfeffern. Von jeder Seite in dem Butterschmalz 2 Min. kross braten. In Alufolie wickeln, im Ofen warm halten. Bratfond entsprechend den Rezepten rechts ablöschen, weitere Zutaten und Gewürze zugeben. Medaillons auswickeln, Fleischsaft, der sich darin gebildet hat, zur jeweiligen Sauce geben. Medaillons mit der Sauce anrichten.

1. GESCHMACKSERLEBNIS: **MEERRETTICH**

Bratfond mit 125 ml Brühe ablöschen. 200 g Crème fraîche einrühren, etwas einkochen lassen. Mit 2–3 EL ger. Meerrettich (aus dem Glas), Salz und Pfeffer pikant-scharf abschmecken. Sauce mit 2 EL Kapern (oder Schnittlauchröllchen) bestreuen, mit den Medaillons anrichten. Dazu passen Pellkartoffeln.

2. GESCHMACKSERLEBNIS: **APRIKOSE**

Bratfond mit 250 ml Brühe ablöschen. 150 g Aprikosenpaste (Orientladen) in Stücke schneiden – ersatzweise getrocknete und eingeweichte Aprikosen pürieren bzw. Aprikosenmarmelade verwenden. Paste in der heißen Brühe auflösen. Dabei etwas einkochen. Mit 2–3 TL Harissa, Salz und Pfeffer scharf würzen. Dazu passt Reis oder Couscous.

3. GESCHMACKSERLEBNIS: **KOKOS**

1 unbehandelte Limette heiß waschen, mit dem Zestenreißer feine Streifen abziehen. 1 kleine rote Chili ohne Samen und Trennwände fein würfeln. Bratfond mit 400 ml Kokosmilch (Dose) ablöschen. Dicklich einkochen. Mit 2–3 TL Sambal Manis und etwas Limettensaft abschmecken. Mit Limettenzesten und Chiliwürfeln bestreuen.

4. GESCHMACKSERLEBNIS: **SENF**

Den Bratfond mit 125 ml Brühe ablöschen. 200 g Crème fraîche einrühren, etwas einkochen. Je 2–3 TL scharfen und körnigen Senf sowie 2 TL hellen, klaren Honig (z. B. Akazienhonig) zugeben, mit Salz und Pfeffer abschmecken. Mit den Medaillons anrichten, mit einigen Schnittlauchstängeln dekorieren. Dazu passen Bratkartoffeln.

SAUER

Sauer ist die fröhlichste unter den vier Geschmacksempfindungen. Saures lässt jedes Essen frisch schmecken. Saures belebt und macht wach. Ein kleiner Spritzer Limettensaft macht aus einem schlichten Mineralwasser einen richtig spannenden Drink. Eine süßlich-saftige Melone wird durch ein wenig Zitrone sehr interessant. Und Salate entfalten ihre geschmackliche Vielfalt erst durch den entscheidenden Schuss Essig.

Sauer macht übrigens nicht nur lustig. Es macht Eiweiß besser verträglich und Eingelegtes haltbarer. Saures lässt Übersüßes und Fades frischer schmecken und Schweres leichter. Saures kommt in vielen Varianten daher: von süßsauer über salzig-sauer bis zu bitter-sauer, von zart säuerlich bis extrasauer. In jedem Fall: ein echter Frischmacher!

Sauer gibt es in vielen Variationen:

Früchte, Gräser und sogar Schoten bringen viel Abwechslung und immer neuen frischen Geschmack.

ZITRONE

Sie ist der Sauermacher der ersten Wahl – für Fisch, Salat, Gebäck und Desserts. Vorzugsweise unbehandelte Zitronen kaufen, denn die hauchdünn abgeschnittene Schale ist ein unverzichtbares Gewürz. Zitronen geben mehr Saft, wenn man sie vor dem Pressen mit kräftigem Druck rollt.

LIMETTE

Limetten haben ein frischeres und intensiveres Aroma als Zitronen. Sie verleihen nicht nur Drinks, sondern auch vielen Gerichten eine unverwechselbare exotische Note. Beim Einkauf darauf achten, dass sich die Früchte schwer anfühlen, dann sind sie saftreich. 1 Limette ergibt 2–3 EL Saft.

ZITRONENGRAS

Es würzt Suppen und Currys und passt besonders gut zu Geflügel oder Fisch in Kokosmilch. Der verdickte untere Teil der Stängel wird ohne die groben Hüllblätter in dünne Scheiben geschnitten oder zu einer Paste zerrieben. Die restlichen Teile kann man mitkochen und später entfernen.

TAMARINDE

Das Mark der Schoten wird vor allem in Südindien zum Säuern verwendet: etwa für Chutneys und Currys und zu Gerichten mit Geflügel, Fisch und Garnelen. Es gehört auch in die bekannte Worcestersauce. Man findet Tamarinde getrocknet und gepresst oder als Konzentrat in Asia-Märkten.

Sie machen eine Vinaigrette erst möglich:

die feinen Sauren aus der Flasche – Essig aus Obst und Wein, edler Aceto balsamico oder Wein pur.

OBSTESSIG

Der bekannteste seiner Art ist der Apfelessig – bekannt als Allheilmittel, u.a. zum Abnehmen. Doch mit seiner fruchtig-frischen Note ist er auch ein wohlschmeckender Sauermacher für Salate und Rohkost. Es gibt z.B. auch Essige aus Himbeer-, Zwetschgen-, Heidelbeer- oder Kirschwein.

WEINESSIG

Entscheidend ist immer die Qualität des Weines, aus dem der Essig hergestellt wird. Ideal sind sortenreine Rot- oder Weißweinessige mit Angabe von Sorte, Herkunft und Jahrgang. Aromatisierte Weinessigsorten erhält man durch zugesetzte Säfte, Gewürze oder Kräuterauszüge.

ACETO BALSAMICO

Der edelste und teuerste Essig hat die Farbe von Ebenholz. Er reift nacheinander in Fässern aus verschiedenen Hölzern. Ausgangsprodukt für ihn ist nicht Wein, sondern eingekochter Traubenmost. Die beste Sorte muss mindestens 12 Jahre reifen und nennt sich »tradizionale«.

WEIN

Bœuf bourguignon sowie Coq au vin wären nichts ohne ihn! Man muss ihn nicht erst zu Essig machen: Trockener Wein ist schon fein säuerlich. Den gleichen Wein, den man zum Essen trinkt, nimmt man meist auch zum Kochen. Manchmal wird eine ganze Flasche für eine Sauce eingekocht.

Zitronen sind wahre Verwandlungskünstler: Selbst wenn man die Früchte trocknet oder mit Zucker kocht – sie behalten ihren frischen Charakter. Es lohnt sich, diese Köstlichkeiten immer griffbereit zu haben, zumal sie ganz einfach herzustellen sind.

Alle Rezepte auf diesen Seiten können auch mit unbehandelter Limettenschale hergestellt werden.

Getrocknete Zitronenschalen

Ein wunderbar vielseitiges Gewürz, das ich für pikante Saucen und Salate ebenso gern verwende wie für süße Omeletts oder Gebäck. Ich gebe sie auch in viele Würzmischungen. Im Gegensatz zu fertig gekaufter getrockneter Zitronenschale, bei der das bittere Weiße mit geschält wurde und die daher bitter schmeckt, ist diese hier absolut pur und frisch, mit einer feinherben Note.

10–20 unbehandelte Zitronen, je nach Belieben

Die Zitronen sehr heiß waschen und abtrocknen. Mit einem Sparschäler so dünn schälen, dass nichts Weißes mit abgeschält wird. Schalen locker auf einem Backblech verteilen. Bei niedriger Temperatur (60 °C Umluft) in 3–4 Std. im Ofen trocknen. Die Schalen sind richtig trocken, wenn sie sich knackend brechen lassen und nicht mehr elastisch, aber noch nicht dunkel verfärbt sind. Nach dem Auskühlen je nach Bedarf ganz lassen (für heiße Getränke), im Mörser stückeln (für Mischungen für die Pfeffermühle) oder im Blitzhacker zerkleinern und danach in der Kaffeemühle fein mahlen. In jedem Fall: kühl, trocken und lichtgeschützt lagern.

TIPP Den Saft der Früchte auspressen und in Eiswürfelbehältern einfrieren oder zu Sirup einkochen (siehe rechts)

Grüner Zitronenpfeffer

Eine Mischung für die Pfeffermühle. Frisch gemahlen sind Aroma und Geschmack einfach bestechend!

2–3 EL getr. Zitronenschalen (siehe links)
2–3 EL getr. grüne Pfefferkörner

Getrocknete Zitronenschalen im Mörser in Stückchen (2–3 mm) brechen. Mit grünen Pfefferkörnern mischen. Passt besonders gut zu Fisch, Salat und grünem Gemüse.

Zitronenöl

Ein herrlich erfrischend-aromatisches Öl! Passt perfekt zu sommerlichen Salaten, zu gegrilltem Fisch oder Pasta.

1 l Erdnussöl oder Sonnenblumenöl
getr. Schalen von 6 großen unbehandelten Zitronen (siehe links)

Schalen in eine saubere Flasche füllen, mit dem Öl begießen. 3–4 Wochen kühl und dunkel stehen lassen. Danach durch einen Trichter, der mit Stoff ausgelegt ist, in sterile Flaschen umfüllen.

Pistacchio-Lemon-Sprinkle

Zitronig, nussig, frisch und scharf – eine meiner Lieblingsmischungen, die man auf vielerlei Weise verwenden kann (siehe unten).

2 TL grüner Pfeffer
2 TL getr. Zitronenschalen
1 TL getr. Knoblauch
150 g gesalzene Pistazienkerne
2 EL getr. Minze
1 EL getr. Korianderblättchen

Pfeffer, Zitronenschalen und Knoblauch im Mixer fein mahlen. Pistazienkerne mittelgrob hacken oder mahlen. Minze zwischen den Fingern fein zerreiben. Korianderblättchen ganz lassen. Alle Zutaten gut mischen.

Diese Mischung schmeckt in Reis- und Couscousgerichten sowie mit Parmesanspänen auf Pasta. Sie passt mit weicher Butter vermischt gut zu neuen Kartoffeln und ist mit Bröseln vermischt eine pfiffige Panade für Fisch. Pistacchio-Lemon-Sprinkle kann außerdem Joghurt, Crème fraîche oder eine schlichte Vinaigrette schnell zum exquisiten Dressing machen. Man kann es aber auch direkt auf grüne Salate oder Möhrensalat streuen.

Zitronensirup

Der süßsaure Sirup schmeckt in Prosecco oder zu süßen Desserts. Ich gebe gern einen Löffel davon in Vinaigrettes oder Joghurtdressings.

600 ml Zitronensaft, frisch gepresst
750 g Zucker

Zitronensaft, 400 ml Wasser und Zucker unter Rühren erhitzen, bis sich der Zucker löst. Aufkochen, Hitze etwas reduzieren, etwa 20 Min. köcheln lassen, bis der Saft etwas eindickt. Er hat jetzt eine bernsteinartige Farbe. Abkühlen lassen und in eine sterile Flasche abfüllen. Im Kühlschrank mindestens 6 Monate haltbar.

Zitronen fallen einem ein, und Essig, – doch damit ist der saure Gaumenkitzel lange nicht vorbei. Saurer Geschmack hat weit mehr Nuancen.

IRANISCHER TRAUBENSAFT

Er wird aus unreif geernteten, noch grünen Trauben hergestellt. Der hell bernsteinfarbene Saft schmeckt fruchtig und sanft säuerlich. Man kann ihn wie Essig für Salate verwenden, sehr gut auch für pikante Fruchtsalate oder mit Mineralwasser als Erfrischungsgetränk.

GRANATAPFELKERNE UND BERBERITZEN

Die kleinen Früchte bieten zugleich Säure und fruchtige Frische. Sie passen zu vielen orientalischen Gerichten, zu Reis, Lamm und Desserts. Granatapfelkerne am besten frisch verwenden, es gibt sie gelegentlich auch getrocknet. Getrocknete Berberitzen kurz vor dem Verwenden einweichen, dann werden sie wieder prall.

REISESSIG UND KOKOSESSIG

Reisessig schmeckt feinsäuerlich und ist unentbehrlich in der asiatischen Küche. Aus Reisessig und Sojasauce kann man ein würziges Low-Fat-Dressing herstellen. Dagegen schmeckt Kokosessig deutlich saurer und zitroniger und ist besonders zum Marinieren von Fisch für exotische Currys geeignet.

SAUERAMPFER

Ein echtes Wiesenkraut, das inzwischen auch gezüchtet wird. Seine Blätter können zu Salaten oder fein gehackt an Saucen gegeben werden. Er gehört in die berühmte Grüne Sauce, Frankfurts Spezialität, und lässt sich wie Spinat oder Mangold auch zu einem schmackhaften Gemüse oder zu einem cremigen Süppchen verarbeiten.

GRANATAPFELSIRUP

Unbedingt den ungesüßten Sirup nehmen (Orientladen), keinen süßen Grenadine! Der bräunliche Sirup ist fruchtig säuerlich und gibt arabischen sowie persischen Gerichten, z. B. Paprika-Walnuss-Paste oder geschmorten Gerichten mit Auberginen, Walnüssen und Hähnchen ein einmaliges Aroma.

Wie wäre es beispielsweise einmal mit zarter Crème fraîche, mit persischen **Berberitzen**, indischem Amchoor oder türkischem **Sumach?**

KAPERN

Sie sind ein Klassiker unter den Sauermachern, sowohl in der heimischen mitteleuropäischen als auch in der mediterranen Küche. Kapern sind unersetzliche Zutat für Königsberger Klopse und Vitello tonnato oder Nizzasalat. Sie peppen aber auch Vinaigrettes und Kartoffelsalate auf, krönen so manchen gegrillten Fisch und verleihen Pizzen und Tomatensaucen säuerliche Würze.

SUMACH

Sumach ist besonders im Iran und der Türkei beliebt. Die getrockneten roten Beeren werden meist gemahlen verkauft. Man reibt damit Fisch und Fleisch ein, mischt es mit rohen Zwiebeln als Vorspeise oder streut das Pulver über fertige Speisen, vor allem über Reisgerichte.

KAFFIRLIMETTENBLÄTTER

Die glänzenden, dunkelgrünen Kaffirlimettenblätter mit dem fein säuerlichen Geschmack geben vielen Thai-Gerichten ihre typische Note. Sie passen gut zu Currys, Reis und Saucen. Einfach im Ganzen mitkochen oder fein gehackt aufstreuen. Möglichst frische Blätter verwenden, die man gut einfrieren kann. Getrocknete Blätter sind mit frischen nicht zu vergleichen.

AMCHOOR

Das weißlich gelbe Pulver besteht aus unreif geernteten, getrockneten und dann gemahlenen Mangos. Es schmeckt fein säuerlich mit einem leicht harzigen mango-typischen Beigeschmack. Amchoor wird in der indischen Küche vorwiegend für vegetarische Linsengerichte (Dals) verwendet.

SAURE SAHNE, CRÈME FRAÎCHE & JOGHURT

Sie sind die Zarten unter den Sauermachern. Man verwendet sie kalt für Salatsaucen und Desserts. Sie runden feine Suppen und warme Saucen mild-säuerlich ab. Ein Klecks Crème fraîche gehört auf russischen Borschtsch, macht sich aber auch ganz hervorragend auf Blattspinat oder Mangold.

Hühnersüppchen vier Mal unterschiedlich säuerlich abgeschmeckt: Klassisch mit Zitrone, exotisch mit Zitronengras, feinsäuerlich mit Reisessig, edel mit Riesling.

Vier Mal leichtes Hühnersüppchen

ZUBEREITUNGSZEIT: 30–40 MIN.
FÜR 4 PERSONEN

BASISZUTATEN

2 Hähnchenbrustfilets à 125 g
1,2 l Hühnerbrühe (oder weniger, je nach Rezept)

Die Hähnchenbustfilets kurz kalt abspülen und mit Küchenpapier trockentupfen.

1. GESCHMACKSERLEBNIS: ZITRONE & SAFRAN

1 unbehandelte Zitrone heiß waschen und dünn schälen, Saft auspressen. 10–12 Safranfäden im Mörser mit etwas Salz verreiben. Filets in kleine Würfel (1 cm) schneiden, mit 1 EL Zitronensaft beträufeln. Einige Blättchen glatte Petersilie streifig schneiden. Brühe mit der Zitronenschale aufkochen. 5–6 EL Basmatireis und Safran zufügen, etwa 10 Min. köcheln lassen. Filets dazugeben, in 3–4 Min. gar ziehen lassen. Zitronenschale entfernen. Suppe mit Zitronensaft und Salz abschmecken. Mit Petersilie bestreuen.

2. GESCHMACKSERLEBNIS: ZITRONENGRAS & KOKOS

Von 2 Stängeln Zitronengras trockene obere Teile, unteres Stück und die harten Außenblätter entfernen, den Rest etwas flach klopfen. Filets würfeln (1 cm), mit 800 ml Brühe, 2 EL Fischsauce, 20 g frischem Ingwer in Scheibchen und Zitronengras aufkochen, 10 Min. offen köcheln lassen. Brühe durchsieben, mit 400 ml Kokosmilch aufkochen, 1 gewürfelte kleine rote Chili und das Fleisch zugeben, 4 bis 5 Min. garen. Mit 1 TL Zucker, 1–2 EL Fischsauce und etwas Limettensaft würzen, mit Koriandergrün bestreuen.

3. GESCHMACKSERLEBNIS: REISESSIG & FRÜHLINGSZWIEBELN

Von 2 zarten Frühlingszwiebeln das Weiße in feinste Ringe schneiden, das Grüne längs in feine Streifen schneiden. 1 kleine Möhre schälen, in feinste Streifen schneiden. 30 g Glasnudeln nach Packungsangabe einweichen. Brühe aufkochen, Filets einlegen, bei sanfter Hitze 20 Min. garen. Herausnehmen, in Streifen schneiden. Brühe aufkochen, Zwiebelringe und Möhren zufügen, nach 2 Min. Nudeln und Zwiebelstreifen, dann das Fleisch. Kurz ziehen lassen. Mit je 1–2 EL Reisessig und Sojasauce abschmecken.

4. GESCHMACKSERLEBNIS: WEIN

Filets klein würfeln, für 20 Min. ins Tiefkühlfach stellen. 2 Scheiben Toastbrot entrinden, in 100 ml Milch einweichen, fest ausdrücken, kalt stellen. Das Fleisch im Mixer pürieren. Das Brot zugeben, weitermixen. 200 g eiskalten Schmand löffelweise zugeben. Die Masse kräftig mit Salz und weißem Pfeffer würzen, 1/2 Bund gehackte Petersilie untermischen, nochmals kalt stellen. Brühe aufkochen, 100 ml Riesling einrühren. Von der Fleischmasse kleine Nocken abstechen, in der heißen Brühe ziehen lassen.

BITTER

Bitter ist der Geschmack für Fortgeschrittene. Man mag ihn nicht auf Anhieb, schon gar nicht als Kind. Erst nach und nach wächst die Freude am Bitteren, zumal es geschmackliche Varianten von zartherb bis herb umfasst, die wir an dunkler Schokolade, Tee, Orangenmarmelade, dem Spritzer Angostura im Cocktail und vielen Gewürzen so schätzen.

Um sich mit diesem speziellen Geschmack vertraut zu machen, gibt es ein paar Tricks: So kann man das Bittere im Kaffee oder Tee mit Milch verdünnen oder mit Zucker mildern, und man kann herbes Gemüse blanchieren, salzen oder durch Butter oder süße Sahne sanfter schmecken lassen.

Gerade im Zusammenhang mit den anderen Geschmacksrichtungen setzt eine bittere Zutat oftmals besondere Akzente und gibt Gerichten eine neue geschmackliche Dimension, so werden beispielsweise viele Gerichte erst durch etwas Bitteres komplex. Und nicht zuletzt kann Bitteres auch richtig gesund sein, den Appetit anregen und die Verdauung fördern. Ein Grund mehr für einen köstlich herben Campari zum Aperitif oder einen edelbitteren Averna nach dem Dinner.

Sie bringen **feinherben Geschmack** ins Essen:

sündhaft teurer Safran, kräftig aromatischer Lorbeer, goldgelbes Kurkuma und Kreuzkümmel, der so **anders als Kümmel** schmeckt.

SAFRAN

Safran ist das edelste und teuerste unter den Gewürzen. Sein unnachahmliches zartherbes, dabei honigartiges Aroma würzt Gebäck, Paella oder Bouillabaisse. Man sollte immer nur ganze Fäden kaufen, dann ist die Gefahr der Fälschung durch Saflor (Färberdistel) oder Kurkuma geringer.

LORBEER

Im Mittelmeerraum, besonders in der Türkei, wird Lorbeer angebaut. Die Blätter sind stark aromatisch und etwas bitter. Meist werden die getrockneten Blätter im Ganzen mitgekocht. Verwendung in Suppen und Eintöpfen, für Marinaden und Essige, besonders aber für Fisch.

CUMIN (KREUZKÜMMEL)

Cumin hat einen intensiven, würzig süßen Duft und einen leicht bitteren, scharfen Geschmack. Das Aroma wird durch Rösten gesteigert. Cumin gehört in viele Curry- und Garam-Masala-Mischungen und in die stark gewürzten Gerichte Indiens, des Nahen Ostens, Nordafrikas oder Mexikos.

KURKUMA

Kurkuma hat ein pfeffriges Aroma und einen warmwürzigen Geschmack mit bitterem Nachgeschmack. Es gehört in zahlreiche Gewürzmischungen und gibt vielen Currygerichten ihre goldgelbe Farbe. Mit Kurkuma werden auch Chutneys und nordafrikanische Lammgerichte gewürzt.

Bitter & süß – die perfekte Kombination

Zucker weckt den Geschmack in Pomeranzen und bitterem Kakao – Bitteres macht umgekehrt Süßes spannend kontrastreich.

KAKAO | BITTERSCHOKOLADE

Kakaopulver ist stark bitter. Erst Zucker und Sahne oder Milch machen daraus das beliebte Getränk. Bitterschokolade besteht größtenteils aus Kakao. Zartbittere Sorten enthalten 50 % Kakao, bittere 60 bis 75 % und mehr. Alle eignen sich für Schokoladentorten oder dunkle Mousse au chocolat.

KAFFEE/ESPRESSO

Der echte Kaffeefan trinkt ihn schwarz und ungesüßt. Wem das zu bitter ist, wählt unter Sahne, Kaffeesahne, Milch pur oder geschäumt, Zucker oder Süßstoff und einer Reihe aromatisierter Sirupsorten. Kaffee verträgt sich gut mit Süßem: als Eiskaffee, in Tiramisu, in Kaffeelikör oder Moccacremes.

BITTERORANGEN

Die auch Pomeranze genannte Zitrusfrucht ist die Urform aller Orangen. Aus ihr stellt man etwa die berühmte schottische Orangenmarmelade her, außerdem Orangeat und Liköre. Aus ihrer Schale werden appetitanregende Tees und Tinkturen hergestellt und sogar ein neuer Süßstoff.

ANGOSTURA

Ursprünglich als Medizin gegen Magenbeschwerden entwickelt, wurde Angostura erst nach und nach in die Küche integriert. Kein Barkeeper kommt ohne den klassischen Spritzer Angostura aus, der ebenso gut zu Softdrinks wie auch zu Marinaden für Steaks und Salatsaucen passt.

Süßes mag **Bitteres zum Ausgleich,** wobei man bei süß nicht nur an Zucker und Honig denken sollte: Reis, Kartoffeln, Butter und Sahne sowie viele **Obst- und Gemüsesorten** haben ebenfalls eine süße Geschmacksnote und vertragen einen bitteren **Akzent** durch Gewürze.

Getrocknete Orangenschalen mit ihrem intensiven, betörend süßen Aroma in Kombination mit dem fruchtig herben Geschmack gehören zu meinen Lieblingsgewürzen.

Getrocknete Orangenschalen

Das Gewürz eignet sich für Süßes ebenso wie für **Pikantes.** Ich verwende getrocknete Orangenschalen in Vinaigrettes und Mandelsaucen, gebe sie an Tomatensuppen, Fruchtsalate und in einige meiner Gewürzmischungen. Eine Prise fein zerriebene Orangenschale im Espresso ist übrigens ein ganz besonderes Erlebnis!

10–20 unbehandelte Orangen

Orangen sehr heiß waschen und abtrocknen. So dünn schälen, dass nichts Weißes mit abgeschnitten wird. Schalen auf einem Backblech verteilen. Bei niedriger Temperatur (60 °C Umluft) in 3–4 Std. im Ofen trocknen, bis sich die Schalen knackend brechen lassen, aber noch nicht dunkel verfärbt sind. Nach dem Auskühlen je nach Bedarf ganz lassen (für heiße Getränke), im Mörser stückeln (für Mischungen für die Pfeffermühle) oder im Blitzhacker zerkleinern und danach in der Kaffeemühle fein mahlen. Kühl, trocken und lichtgeschützt lagern.

TIPPS Getrocknete Orangenschalen dieser Qualität gibt es nicht fertig zu kaufen. Man sollte sich daher im Winter größere Mengen unbehandelte Süß- oder Saftorangen zulegen und einen Vorrat an getrockneten Schalen zubereiten. Den Saft der geschälten Orangen kann man zu Orangensirup einkochen (Seite 57).

Orangen-Pfeffer

Mein absoluter Favorit für die Pfeffermühle! Orangen-Pfeffer schmeckt **überraschend gut** auf frischen Tomaten und gibt fast allen Salatsaucen und **Suppen** eine besondere Note.

- 2–3 EL zerkleinerte getr. Orangenschalen (siehe links)
- 2–3 EL schwarze Pfefferkörner

Die getrockneten Orangenschalen im Mörser in Stückchen (2–3 mm) brechen. Mit den schwarzen Pfefferkörnern mischen.

> **WÜRZVARIANTE ORANGEN-KORIANDER**
> Die Pfefferkörner einfach durch die gleiche Menge Koriandersamen ersetzen. Schmeckt fruchtig und warm holzartig.

Schwarzkümmel-Koriander-Mix

Eine einfache aber **herrlich würzige** Mischung aus erdig herbem Schwarzkümmel, bitterem **Bockshornklee** und mildem Koriander. Passt besonders gut zu Kartoffeln und Quark.

- 1 EL Koriandersamen
- 1 EL Schwarzkümmelsamen
- 1 TL Bockshornkleesamen

Einfach die Gewürze mischen und in eine Pfeffermühle füllen. Bei Bedarf frisch mahlen.

Schwarzkümmel-Sesam-Mix

Eine nussige und würzige, auch **angenehm scharfe** Mischung, die sich hervorragend zum Aufstreuen für Salate, **Ofenkartoffeln** und Käsebrot eignet.

- 1 EL Schwarzkümmelsamen
- 1 TL schwarze Pfefferkörner
- 2 EL ungeschälter Sesam
- 1 TL grobes Meersalz

Schwarzkümmel und Pfeffer trocken rösten, bis die Mischung anfängt zu duften. Sesam rösten, bis die Samen anfangen zu springen. Beides abkühlen lassen. Schwarzkümmel, Pfeffer und Salz im Blitzhacker oder in der Mühle mittelgrob zerkleinern. Mit dem Sesam mischen.

Orangen-Sesam-Mix

Eine feinherbe, fruchtig-nussige Mischung für **grüne Salate** mit Crème-fraîche-Dressing. Köstlich auch auf Obstsalat, Pfannkuchen mit Quarkcreme oder **gebratenen Bananen.**

- 3 EL ungeschälter Sesam
- 2 TL gem. getr. Orangenschalen (siehe links)

Sesam in einer Pfanne ohne Fett bei mittlerer Hitze rösten, bis sich ein angenehmes Aroma entwickelt und die Samen anfangen zu springen. Auf einem Teller abkühlen lassen. Im Mörser leicht verreiben. Mit den gemahlenen Orangenschalen mischen.

Herbes und **Bitteres** findet sich in vielen Kräutern und Salaten, auch in **Obst** und Gemüse, in vielen Gewürzen, Nüssen und Ölen. Es macht unser

HERBAROMATISCHE KRÄUTER

Die meisten Kräuter haben neben vielen aromatischen Komponenten einen herben oder bitteren Geschmack, besonders im getrockneten Zustand. Frischer Salbei ist köstlich in Butter gebraten, Rosmarin gehört an deftige, mediterrane Gerichte und Basilikum ins Pesto und an Tomatensalate.

BITTERHERBE SALATE

Ihre Bitterstoffe sind sehr gesund und die meisten Sorten sind inzwischen durch Züchtung deutlich milder. Beim Chicorée hilft es, den bitteren Strunk herauszuschneiden, und etwas Honig im Dressing ist eine ideale mildernde Zutat. Herber Radicchio verträgt eine Kombination mit mild-süßer Avocado.

BITTERE MANDELN

Bittermandeln enthalten geringe Mengen giftiger Blausäure. Daher diese Mandeln nie roh verzehren, sondern nur zum Backen oder Kochen verwenden (Hitze zerstört das Gift). Oder, z. B. Mandeltorten und -cremes, mit ungefährlicher Bittermandelessenz aromatisieren.

HERBES ÖL

Oliven sind von Natur aus bitter, besonders die noch unreif geernteten grünen Oliven, aus denen das Olivenöl meist kalt gepresst wird. Extra natives Olivenöl darf nicht mehr als 1 % Säure enthalten, natives Olivenöl nicht mehr als 2 %. Die geschmacklichen und qualitativen Unterschiede sind auch auf Standort und Sorte zurückzuführen, ähnlich wie beim Wein.

HERBSÜSSES OBST

Die Grapefruit entstand aus der Kreuzung von Pampelmuse und Apfelsine. Sie schmeckt herb säuerlich bis bitter. Milder und süßer ist die rosafarbene Pink Grapefruit. Pampelmusen schmecken würziger als Grapefruits und enthalten sehr viele Kerne. Sie sind wegen ihres Saftreichtums besonders gut zum Auspressen geeignet.

Essen variantenreich und **interessant.** Doch mehr als das: Herbbitteres regt den **Appetit** an und macht vieles besser verträglich.

FEINBITTERES ALS APERITIF

Die herbe Schale von Bitterorangen ist nur eine der vielen Zutaten für Noilly Prat, den wohl berühmtesten trockenen Wermut der Welt. Nicht nur als Aperitif oder im Cocktail wie dem legendären Martini Dry ist er geschätzt: Er gibt geschmortem Hähnchen und zartem Kalb die besondere Würze. Vor allem aber in der feinen Fischküche sorgt erst ein Schuss Noilly Prat für den richtigen Geschmack.

HERBES GEMÜSE

Auch Gurke und Kohl verdanken ihren angenehmen, leicht herben Geschmack pflanzlichen Bitterstoffen. Wer es sanfter mag: Von den Gurken die Enden abschneiden, die Gurken schälen, salzen und 10 bis 20 Min. stehen lassen, dann gut abtupfen. Kohl wird durch Salzen und Blanchieren deutlich milder.

HERBE SAMEN

Besonders die ungeschälten Sesamkörner schmecken ausgeprägt herb. Tahini, die aus gemahlenem Sesam gepresste Paste, ist herb und nussig. Sie gehört in viele arabische Gerichte, z. B. in Hoummous (siehe Seite 110), in Suppen und Saucen. Interessant ist Tahini auch als Brotaufstrich unter Käse oder Honig.

HERBES AUS DER NUSS

Bei Walnüssen sitzt das Bittere vor allem in der braunen Samenhaut. Es ist auch im zartherben Walnussöl enthalten, das gut zu Feldsalat passt. Zum Mildern des bitteren Geschmacks von Walnusskernen diese 1–2 Min. blanchieren, kalt abschrecken und die Haut abziehen.

HERBES GEWÜRZ

Die kleinen harten Schwarzkümmelsamen haben einen erdig herben, intensiv aromatischen Geschmack. Man kennt das Gewürz vor allem von türkischen Fladenbroten, auf die man es mit Sesam gemischt streut. Schwarzkümmel gehört auch in das bengalische Fünf-Gewürz »Panch Phoron«, das in Ghee angebraten und zu Linsengerichten serviert wird.

Zart-nussige **Avocados** mögen den bitteren Akzent von schwarzen Oliven und **feinherben Zutaten** wie Walnüssen, Rucola oder Kresse und Orangenschale.

Avocadosalat mit vier herbbitteren Dressings

ZUBEREITUNGSZEIT: 20–50 MIN.
FÜR 4 PERSONEN

BASISREZEPT

1 Kopf Endiviensalat
2 kleine Radicchio
etwas Rucola oder Brunnenkresse
2 große reife Avocados

Die Salate in die einzelnen Blätter zerteilen, waschen und trockenschütteln. Auf vier Tellern anrichten.
Avocados halbieren und den Kern herauslösen. Vorsichtig die Schale abziehen bzw. das Fruchtfleisch mit einem Esslöffel aus der Schale heben. Das Avocadofleisch in Spalten schneiden und auf den Salatblättern anrichten. Sofort mit Dressing beträufeln.

1. GESCHMACKSERLEBNIS: **WALNUSS**

2 EL Sherryessig mit Salz, schwarzem Pfeffer, 2 TL Dijon-Senf und 2 TL Ahornsirup verrühren. 1 Knoblauchzehe dazupressen. Nach und nach 6 EL Walnussöl unterschlagen, bis ein sämiges Dressing entsteht. Über die Avocados (Basisrezept) träufeln, mit 50 g leicht gerösteten gehackten Walnusskernen und reichlich Schnittlauchröllchen bestreuen; sofort servieren.

2. GESCHMACKSERLEBNIS: **OLIVEN**

1/2 Bund glatte Petersilie waschen und trockenschütteln, die Blättchen abzupfen und hacken. 2–4 EL Tapenade (schwarze Olivenpaste) mit 5–6 EL Gemüsebrühe verrühren. 2 EL Olivenöl tropfenweise unterschlagen. Über die vorbereiteten Avocados (Basisrezept) löffeln. Mit Petersilie bestreuen. Dieses Dressing passt auch hervorragend zu Tomaten- und Bohnensalat.

3. GESCHMACKSERLEBNIS: **RUCOLA**

150 g Rucola (oder halb Rucola, halb Petersilie) waschen, trockenschütteln und grob hacken. 100 g Pinienkerne in einer Pfanne ohne Fett in 5 Min. goldgelb rösten, 2 EL beiseite stellen. Die Rucola mit den restlichen Pinienkernen, 3 EL Brühe, 1 EL Sherry und 2 EL Olivenöl im Mixer pürieren. So viel Brühe zugeben, dass ein dickflüssiges Dressing entsteht (60–110 ml). Mit 1–2 TL Ahornsirup, Salz und Pfeffer aus der Mühle abschmecken. Mit den zurückbehaltenen Pinienkernen garnieren.

4. GESCHMACKSERLEBNIS: **ORANGEN & KRESSE**

1 unbehandelte Orange heiß waschen. Die Schale mit dem Zestenreißer in langen Streifen abziehen. Ca. 8 Saftorangen auspressen, 400 ml Saft abmessen und mit 1 EL braunem Zucker aufkochen. Bei mittlerer Hitze in 20–30 Min. auf 150 ml einkochen. Lauwarm abkühlen lassen. 3 EL Olivenöl erst tropfenweise, dann in dünnem Strahl zugießen und unterschlagen. Mit Salz, Pfeffer und 1 TL scharfem Senf abschmecken. Über die Avocados träufeln, mit Kresse (1 Kästchen) und Orangenzesten bestreuen.

SÜSS

»Süß« ist die erste geschmackliche Erfahrung, die ein Mensch über die Muttermilch erfährt. Süß bleibt bis weit in die Kindheit hinein der absolute Lieblingsgeschmack – für viele sogar ein Leben lang, denn es vermittelt ausschließlich positive Gefühle: Süß ist angenehm und verführerisch, süß macht zufrieden und ist tröstlich.

Schon unsere steinzeitlichen Vorfahren wussten: Süß bedeutet reif und damit auch sättigend. Lange war Süßes aus der Natur, wie Beeren oder Honig, nur schwer zu bekommen. Noch vor 150 Jahren wurde der kostbare Zucker in kleinen verschließbaren Schatullen aufbewahrt. Heute werden Süßigkeiten in solchem Übermaß konsumiert, dass das Empfinden für natürliche Süße, wie sie in Früchten enthalten ist, oft verloren geht.

Wer den Zuckerkonsum deutlich einschränkt, wird bald feine Zwischentöne entdecken und für die natürliche Süße vieler Lebensmittel sensibel werden. Süßmacher wie Honig und Zucker werden dann wieder aufregend, wenn man sie wie ein Gewürz versteht und bewusst dosiert.

Zucker in vielen Varianten – aber immer süß

Er begegnet uns in vielen Formen: als Löffel voll im Kaffee, als Kandis zum Tee, als zarter Puderzucker auf dem Kuchen.

KRISTALLZUCKER

Kristallzucker (Weiß- oder Grundzucker) wird gewonnen aus Zuckerrüben. Auflösen und erneute Kristallisation machen ihn zu Raffinade (Haushaltszucker), einem Zucker hoher Reinheit in diversen Körnungen. Puderzucker ist fein gemahlene Raffinade zum Bestauben und Glasieren.

ROHRZUCKER

(Voll-)Rohrzucker ist der eingedickte und getrocknete Saft des tropischen Zuckerrohrs – nicht zu verwechseln mit Rohzucker, bei dem es sich um nicht vollständig gereinigten Weißzucker handelt. Vollrohrzucker hat einen besonders aromatischen, würzigen, fein karamellartigen Geschmack.

BRAUNER ZUCKER

Brauner Zucker ist mit Melasse (Rohzuckersirup) gefärbter weißer Zucker oder wird durch Karamellisierung aus weißem Zucker gewonnen. Er schmeckt angenehm würzig, passt gut zu Früchtebrot und Lebkuchen, steigert aber auch den Geschmack von Saucen und Braten.

KANDISZUCKER

Die weißen oder braunen Stücke entstehen beim Auskristallisieren von Zuckerlösung. Mit großen, weißen »Kluntjes« süßt man vor allem Tee. Brauner Kandis schmeckt würzig karamellartig. Für Printen, Kekse und Müslistangen verwendet man feinen braunen Grümmel-Kandis.

Aromatische Süße aus der Natur

Mal cremig mild, mal herb und würzig, ganz zart nach Blüten duftend oder mit richtig kräftigem Karamellgeschmack.

BLÜTENHONIG

Am üblichsten ist Mischblütenhonig. Sortenreiner Honig variiert stark in Farbe, Konsistenz und Geschmack: z. B. der weiß-cremige, milde Kleehonig, der helle, klare und zartsüße Akazienhonig sowie der herbwürzige, goldbraune Heidehonig. Lagenhonig entstammt einer bestimmten Region.

WALDHONIG

Tannen- oder Waldhonig wird nicht aus Blütennektar gewonnen, sondern aus Honigtau, einem Sekret von Pflanzensaft saugenden Insekten. Die Bienen verarbeiten ihn zu Honig. In der Farbe variiert er von bernsteinfarben über rotbraun bis schwarz. Er schmeckt würzig-aromatisch.

AHORNSIRUP

Den eingedickten Saft des Ahornbaums gibt es »light amber« (mild), »medium amber« und »dark amber« (dunkel und mit kräftigem Karamellgeschmack). Die höchste Qualitätsstufe ist »100 % pure, US Grade A«. Verwendung: zum Süßen von Eis, Mehlspeisen, auch für pikante Saucen, Salate.

AGAVENDICKSAFT

Der eingekochte Saft der Agaven hat eine höhere Süßkraft als Zucker. Sein Geschmack ist aber dennoch mild und am ehesten mit Honig zu vergleichen. Agavendicksaft enthält als Kohlenhydrate nahezu ausschließlich Fruchtzucker, er ist daher als Süßungsmittel für Diabetiker geeignet.

Kleine feine, süße Mischungen, die Süßes noch feiner machen: süß-fruchtiger Orangensirup krönt ein Vanilleeis; blumig duftender Staubzucker veredelt Obstsalate und Gebäck, nussig-fruchtige Sprinkle-Mixes zaubern im Nu köstliche Desserts.

Blütenzucker schmeckt nicht nur köstlich, sondern sieht auch besonders hübsch aus – ideal zum Verschenken!

Orangenzucker

Eine wirklich feine Mischung. Passt gut in edlen Tee oder auf zartes Gebäck aufgestäubt.

100 g Zucker
5 ml Orangenblütenwasser
1 große unbehandelte Süßorange

Zucker mit Orangenblütenwasser beträufeln, auf einem Backblech verteilen. Orange heiß waschen, mit Sparschäler hauchdünn abschälen (ohne das Weiße!) und in schmale Streifen schneiden (max. 1 mm). Diese mit dem Zucker mischen und im Ofen bei 50 °C Umluft 2 Std. trocknen. Nach dem Abkühlen im Mixer zu Puderzucker mahlen. Fest verschlossen aufbewahren.

AROMAVARIANTEN

1. Rosenzucker: 1 Tasse (250 ml) Zucker und 1 Tasse (250 ml) Rosenblätter mischen. In ein fest verschließbares Glas geben. Öfter durchschütteln, damit sich das Rosenaroma auf den Zucker überträgt. Nach etwa 3 Tagen im Blitzhacker zu Puderzucker zermahlen.

2. Lavendelzucker: Noch ein zarter Blütenzucker, der sich pefekt zum Überstauben von frischem Obstkuchen eignet. 100 g Zucker mit 3 EL Lavendelblüten mischen, in ein gut verschließbares Glas füllen und 4–5 Tage ziehen lassen, bis der Zucker das Lavendelaroma aufgenommen hat. Danach durchsieben, die Blüten wegwerfen.

Orange-Almond-Sprinkle-Mix

Eine köstliche süßherbe, **unglaublich vielseitige** Mischung: auf Obstsalate, Milchreis oder Gebäck **streuen** – auch Eiscreme, Joghurt oder Pudding wird damit zum raffinierten **Dessert.**

100 g blanchierte Mandeln
100 g Orangeat | 200 g Rohrzucker
10 g getr. Orangenschalen (Seite 46)
2 TL Zimtpulver

Mandeln und Orangeat im Blitzhacker nicht zu fein zerkleinern (wie grober Bulgur). Rohrzucker und Orangenschalen im Blitzhacker zu Puderzucker verarbeiten. Zunächst mit Zimt mischen, dann Mandeln und Orangeat gründlich untermischen. Im Kühlschrank mindestens 6 Monate haltbar.

Choco-Zimt-Zucker

Zimtfreunde sollten diesen Zucker einmal auf gebratenem Apfel versuchen!

150 g brauner Zucker | 3 TL Zimtpulver
3 TL dunkler Kakao

Alle Zutaten im Mixer zu Puderzucker mahlen. In einem gut schließenden Glas aufbewahren.

AROMAVARIANTEN
Für **Choco-Kardamom-Zucker** den Zimt durch gemahlenen Kardamom ersetzen – schmeckt fein in heißer Milch. Für **Choco-Mint-Zucker** 2 EL fein zerriebene getrocknete Minze mit Zucker und Kakao vermahlen. Eine Mischung, die besonders gut auf einem Cappuccino zur Geltung kommt.

Berberis-Almond-Sprinkle-Mix

Eine **saftig knackige** säuerliche Mischung, die Melone und gebratene Bananen, Vanillepudding oder Gebäck aufregend **frisch** macht. Den Vanillezucker 1 Woche im Voraus zubereiten.

160 g blanchierte Mandeln
80 g getr. Berberitzen
100 g Vanillezucker (siehe Tipp)
2 TL gem. Kardamom

Mandeln und Berberitzen im Blitzhacker nicht zu fein zerkleinern. Vanillezucker mit Kardamom im Blitzhacker zu Puderzucker verarbeiten. Alles gründlich mischen

TIPP 3–4 Vanilleschoten längs aufschlitzen. 500 g weißen Zucker mit den Vanilleschoten in ein gut schließbares Glas geben. Ab und zu umrühren. Nach 1 Woche hat der Zucker das Vanillearoma angenommen.

Orangensirup mit Kardamom und Zimt

Schmeckt mit Prosecco oder Mineralwasser. Ein Löffel davon **aromatisiert** Tee oder Espresso! Der Sirup passt außerdem zu Vanilleeis, dunkler Mousse au chocolat oder zu **Crêpes.**

1 l Orangensaft, möglichst frisch gepresst
400 g Zucker
200 g Vanillezucker (siehe links)
1 Zimtstange
8–10 grüne Kardamomkapseln
2 Zitronen

Orangensaft mit Zucker und Vanillezucker aufkochen. Zimtstange in Stücke brechen, trocken rösten. Kardamomkapseln im Mörser anstoßen. Zitronen auspressen, zusammen mit den Gewürzen zum Orangensaft geben. Saft im offenen Topf 30–40 Min. sprudelnd kochen. Der Saft dickt dabei sirupartig ein. In sterilisierte Glasflaschen füllen. Kühl und dunkel – am besten im Kühlschrank – lagern. Mindestens 6 Monate haltbar.

Bei »süß« **denkt man** zunächst an Zucker und Honig. Dabei gibt es viele **andere Möglichkeiten** des Süßens: Sirup ist eine tolle Alternative.

FRISCHE SÜSSE FRÜCHTE

Vollreife süße Früchte sind ein besonderer Genuss. Man lässt sie sich am besten ohne zusätzlichen Zucker schmecken. Avocados zählen auch zu den süßen Früchten und vertragen sich deshalb sehr gut mit herben Zutaten, z. B. Salaten mit Radicchio und Rucola, angemacht mit Oliven- und Walnussöl.

TROCKENFRÜCHTE

Sie sind ebenso köstliche wie gesunde kleine Snacks für zwischendurch. Äpfel, Birnen und Aprikosen gehören beispielsweise ins Backobst, Rosinen ins Studentenfutter. In Arabien und Marokko gibt man Datteln und Aprikosen gern an pikante Gerichte. Ins Müsli passen getrocknete Maulbeeren, Ananas-, Papaya- oder Mangostückchen.

SÜSSES GEMÜSE

Sie verrät bereits der Name: Zuckererbsen bzw. Zuckerschoten und Zuckermais gehören wie die Süßkartoffeln zu den süßen Gemüsen. Und die Möhre zählt wegen ihrer Süße zu den Favoriten bei kleinen Kindern. Sie alle vertragen neben Salz und Pfeffer auch eine Prise Zucker oder Honig.

KANDIERTE FRÜCHTE

Das Kandieren der Früchte ist ein aufwändiger Vorgang, der 5 Tage dauert, und bei dem die Früchte mit immer unterschiedlich heißer und anders konzentrierter Zuckerlösung übergossen und darin stehen gelassen werden. Zum Schluss werden sie noch getrocknet.

HELLE SCHOKOLADE

Vollmilch- und Milchschokolade hat einen deutlich höheren Anteil an Zucker, Kakaobutter und Milchpulver als zartbittere und bittere Schokolade (50 % bzw. 60 % Kakao und mehr). Noch süßer ist weiße Schokolade, für die kein Kakao, sondern nur Zucker, Milchpulver und Kakaobutter verwendet wird.

Sahne, Butter & Milch sind sehr **sanfte Süßmacher.** Viele frische Früchte sind bereits von **Natur** aus süß, und getrocknet werden sie zur Delikatesse!

SÜSSE GEWÜRZE

Es ist mehr ihr süßliches Aroma als ihr Geschmack, der ihnen die Eigenschaft »süß« verleiht: Anis und Vanille passen dabei am besten zu süßen Gerichten, Kardamom, Zimt und Muskat dagegen harmonieren ebenso gut mit süßen wie mit pikanten Kreationen.

SÜSSMANDELN & KOKOS

Süße Mandeln sind echte Allrounder – als Marzipan, für Torten und Gebäck, aber auch in pikanten Suppen und Saucen sowie geröstet in Getreidegerichten. Ähnlich vielseitig ist die Kokosnuss: Als Milch, als Creme, geraspelt oder frisch ist sie aus der indischen und thailändischen Küche nicht wegzudenken.

SIRUP

Der Name Sirup wird für nach ganz unterschiedlichen Verfahren hergestellte Produkte verwendet: Der Saft von Birnen, Äpfeln oder Zuckerrüben wird wie Ahornsaft stark eingekocht. Oft wird Fruchtsaft mit Zucker zusammen eingekocht oder eine Zuckerlösung mit Pflanzenextrakten aromatisiert.

LIKÖRE

Liköre bestehen neben Zucker, Wasser und Alkohol aus Früchten oder Kräutern, die destilliert oder mit Alkohol aufgesetzt und oft noch mit Gewürzen aromatisiert werden. Cremige Liköre enthalten zudem Milch, Eier, Sahne oder Schokolade. Sie schmecken nicht nur zum Kaffee, sondern passen auch zu Eiscreme, Biskuit oder Obstsalat.

SAHNE, MILCH & BUTTER

Sie sind die sanften Süßmacher, die eine andere Süße wunderbar steigern können oder aber Saures, Scharfes und Bitteres mildern. Was wären Erdbeeren ohne geschlagene Sahne, schwarzer Tee ohne Milch oder eine neue Pellkartoffel ohne einen Klecks von (ungesalzener) Süßrahm-Butter?

Hier werden hauchdünne, **zarte Crêpes** als **Dessert** mit vier verschiedenen süßen **Saucen** serviert: apfel-fruchtig, erdnussig, mild-exotisch und cremig-schokoladig.

Grundrezept Crêpes

ZUBEREITUNGSZEIT: 25. MIN.
RUHEZEIT: CA. 30 MIN.
FÜR 4 PERSONEN/8 CRÊPES

60 g Mehl | 1 Prise Salz
2 Eier | 2 EL Öl
100 ml Milch
Butter zum Backen

Alle Zutaten in einer Schüssel mit dem Schneebesen zu einem leichten Teig verrühren. Etwa 30 Min. abgedeckt stehen lassen. Butter in einer beschichteten Pfanne (etwa 15 cm Innendurchmesser) schmelzen. Wenig Teig hineingeben und rasch durch Rütteln auf dem Boden der Pfanne verteilen. Etwa 1 1/2 Min. backen, bis der Crêpe goldgelb und leicht gebräunt ist. Wenden und von der anderen Seite etwa 30 Sek. backen. Fertige Crêpes auf Teller geben und mit einer der Saucen servieren.

1. GESCHMACKSERLEBNIS: BANANE & KOKOS

2–3 Bananen (300 g) schälen, quer halbieren und in 20 g Butter in 6–8 Min. goldbraun braten. Mit 2 EL braunem Zucker bestreuen, den Zucker karamellisieren lassen. Zusammen mit 5–6 EL Kokosmilch pürieren, mit dem Saft von 1/2 Limette abschmecken. Die Crêpes mit der Sauce bestreichen, zusammenklappen und nach Belieben mit goldgelb gerösteten Kokosraspeln bestreuen.

2. GESCHMACKSERLEBNIS: AMARETTO & SCHOKOLADE

100 ml Kondensmilch aufkochen und dann sofort vom Herd nehmen. 100 g Bitterschokolade in Stücke brechen und in der heißen Kondensmilch unter Rühren auflösen. Bei sehr dunkler, d. h. bitterer Schokolade nach Belieben noch ein wenig Zucker zugeben. Die Schokoladensauce mit etwa 2 EL Mandellikör abschmecken und über die Crêpes gießen.

3. GESCHMACKSERLEBNIS: APFEL & ZIMT

500 g Äpfel schälen, in kleine Würfel schneiden. 50 g Butter erhitzen, bis sie schäumt. Die Äpfel darin unter Rühren in 3–4 Min. hellbraun und weich schmoren. 2–3 EL hellen Honig (z. B. Akazienhonig) zugeben, noch 1 Min. weiterschmoren. Die Sauce mit Zimtpulver bestauben, auf den Crêpes verteilen. 75 g Crème fraîche glatt rühren, auf jede Portion einen Klecks setzen, die Crêpes zusammenfalten.

4. GESCHMACKSERLEBNIS: ERDNUSS & ORANGE

1 unbehandelte Orange heiß waschen. Die Schale mit dem Zestenreißer abziehen. 250 ml Orangensaft aufkochen, 100 g Erdnussmus einrühren. 1 EL braunen Zucker zugeben. Die Sauce unter Rühren 4–5 Min. köcheln lassen, bis sie schön sämig ist. Auf die heißen Crêpes geben. Mit den Orangenzesten garnieren.

GEWÜRZMISCHUNGEN

Jeder kennt den **Unterschied** zwischen gemahlenem Kaffee aus der Vakuumverpackung und Kaffee aus Bohnen, die eben frisch geröstet und gleich anschließend gemahlen wurden. Der erste ist **nicht schlecht,** der andere aber ist **umwerfend!** Ähnlich ist es mit Gewürzmischungen. Es gibt unendlich viele Gewürzmischungen in wirklich guten Qualitäten fertig zu kaufen – aber an **frisch gemahlene Mischungen** kommen sie einfach nicht heran.

Es ist das unvergleichliche **Aroma,** das die Gewürze verströmen, wenn sie gerade erst **geröstet** und gemahlen sind. Deshalb stellt man in Ländern, in denen viel mit Gewürzen gekocht wird, beispielsweise in **Indien,** die Mischungen häufig erst direkt vor der Verwendung her.

Gewürze sind **inspirativ.** Sie regen die Sinne an und lassen kreative Herzen höher schlagen. Wer den **Charakter** eines einzelnen Gewürzes kennt, **findet** bald heraus, mit welchen anderen Gewürzen es sich verträgt, wie stark sein Anteil in einer Mischung sein darf, zu welchen Gerichten es **am besten passt.**

Experimentierfreude ist neben etwas Warenkunde eine gute Voraussetzung für den Umgang mit Gewürzen. Eine gekaufte Mischung wird nach immer gleicher Rezeptur hergestellt. Eine eigene Mischung kann man dagegen ganz nach dem individuellen Geschmack komponieren und jederzeit abwandeln und variieren.

Gewürze sind echte Hingucker *und in transparenten Tütchen und Gläsern ein attraktives Geschenk. Zum längeren Lagern sind jedoch lichtschützende* braune Gläser *besser geeignet.*

Die Utensilien

Es ist überhaupt nicht schwer, Gewürzmischungen selbst herzustellen. Was man dazu braucht, ist in vielen Haushalten bereits vorhanden:

- eine nicht beschichtete Pfanne mit schwerem Boden aus Gusseisen oder Edelstahl
- einen Mixer (Cutter)
- eine elektrische Kaffeemühle (mit Mahlwerk), die aber nur für Gewürze benutzt wird
- einen Mörser, möglichst einen schweren aus Stein (in Asia-Shops erhältlich)
- einen Satz Messlöffel für 1 EL = 15 ml, 1 TL = 5 ml sowie für 1/2 TL und 1/4 TL

Die Basis-Gewürze

Mit einer Grundausstattung an Rohgewürzen kann man bereits viele Mischungen herstellen. Die meistverwendeten Gewürze sind Koriander, Kardamom, Cumin, schwarzer und weißer Pfeffer, Chili, Gewürznelken, Piment, Zimtstangen, Senfsaat, Bockshornklee und Muskatnuss.

Ferner gehören in ein gut sortiertes Gewürzregal Anissamen, Fenchelsamen, Sternanis, Schwarzkümmel, Wacholder, Schinus (rosa Pfefferbeeren), einige getrocknete Kräuter wie Thymian, Oregano, Basilikum und Minze sowie getrocknete Zwiebeln und getrockneter Knoblauch.

Schließlich gibt es regelmäßig benötigte Gewürze, die man selbst nur sehr schwer mahlen kann. Dazu gehören Kurkuma, Ingwer, Macis (Muskatblüte), Paprika und Cayennepfeffer. Diese kauft man bereits fertig gemahlen. Zimt ist ebenfalls schwer zu mahlen, besonders wenn man ein sehr feines Pulver bevorzugt. Zimt sollte man deshalb sowohl in Stangen als auch fertig gemahlen vorrätig haben.

Das Einkaufen

Einige dieser Rohgewürze gibt es in preiswerten 50-g- und 100-g-Beuteln in Asia-Supermärkten oder türkischen Läden zu kaufen. Die spezielleren Gewürze findet man in den typischen Tee- und Gewürzläden und über den Internetversand (siehe Seite 208). Oder man fragt bei den Großhändlern nach: Viele haben Einzelhandelsabteilungen und geben auch kleinere Mengen ab.

Das Abmessen

Die in den Rezepten angegebenen Mengen messe ich mit den praktischen Messlöffeln für 1 EL, 1 TL, 1/2 TL und 1/4 TL ab, und zwar immer gerade so viel, dass die Löffel gestrichen voll sind.

Kleinteilige ganze Gewürzkörner oder -samen wie Koriander, Kardamom, Cumin, Pfeffer, Senf und Bockshornklee messe ich vor dem Rösten und Mahlen ab. Entsprechend steht dann in den Rezepten, dass es sich um Körner oder Samen handelt. Bei Gewürzen, die bereits fertig gemahlen gekauft werden, steht entsprechend im Rezept als Zusatz »gemahlen« (»gem.«) oder »… pulver«. Größere Gewürze wie Gewürznelken, Piment oder Sternanis, die man als Ganzes nicht genau abmessen kann, werden zunächst geröstet und gemahlen und danach abgemessen. Hier steht ebenfalls der Zusatz »gemahlen« (»gem.«).

Bei Kurkuma und Cayennepfeffer versteht es sich von selbst, dass es sich um gemahlene Gewürze handelt.

Das Rösten

Grundsätzlich werden nur die ganzen Körner oder Samen geröstet, und zwar einzeln nach Sorten, da die Röstzeiten unterschiedlich lang sind. Zimtstangen werden zuvor in kleine Stücke gebrochen.

Zum Rösten der ganzen Gewürze eignet sich am besten eine Pfanne mit schwerem Boden, z. B. aus Edelstahl.

Möchte man nur geringe Gewürzmengen zerkleinern, z. B. beim Ausprobieren neuer Mischungen, ist ein Mörser genau richtig.

Eine Pfanne (ohne Fett) 1 Min. auf mittlerer Temperatur erhitzen, die benötigte Menge des Gewürzes hineingeben, nie aber mehr als dass der Pfannenboden gerade eben bedeckt ist. Unter ständigem Rütteln der Pfanne oder Rühren mit einem Holzspatel das Gewürz rösten, bis es anfängt zu duften und sich etwas dunkler zu färben. Senf- und Sesamsamen rösten, bis die Samen anfangen zu springen.

Das Rösten dauert durchschnittlich 2–4 Min. (in Einzelfällen bis zu 10 Min.). Anschließend schüttet man das Gewürz zum Abkühlen auf einen flachen Teller.

Fertig gemahlene Gewürze wie Kurkuma und getrocknete Kräuter werden nicht geröstet.

Das Mahlen

Kleinteilige Gewürzsamen wie Koriander, Cumin und Bockshornklee kann man nun in der Kaffeemühle mahlen. Größere Gewürze wie Zimtstangen und Sternanis, aber auch Gewürznelken oder Piment werden zuvor im Mixer zerkleinert oder im Mörser zerstoßen und erst dann gemahlen, weil die Kaffeemühle sonst leicht verstopft.

Ob man seine Gewürzmischungen lieber feiner oder etwas gröber gemahlen mag, ist reine Geschmackssache und hängt nicht zuletzt von der Kaffeemühle ab. Man kann auch zunächst einen gröberen Mahlgrad einstellen und ein zweites Mal dann sehr fein nachmahlen.

Anschließend wird die Kaffeemühle von innen mit einem Pinsel trocken gereinigt. Man kann ab und zu 1–2 Löffel rohe Reiskörner mahlen, das »neutralisiert« die Mühle geschmacklich, besonders nach dem Mahlen von Chilischoten oder Knoblauchflakes.

Ausnahmen: Muskatnüsse kauft man immer im Ganzen, sie werden auf einer speziellen kleinen Reibe immer frisch gerieben. Für größere Mengen gibt man ganze Muskatnüsse in einen Plastikbeutel und zerschlägt sie mit einem Nudelholz oder Fleischklopfer. Anschließend können die Stücke in der Kaffeemühle auf mittlerem Mahlgrad gemahlen werden. Da das Aroma sehr schnell verfliegt, kann man für Gewürzmischungen anstelle von Muskatnuss Muskatblüte (Macis) verwenden, die ihr Aroma auch im gemahlenen Zustand lange hält. Safranfäden werden im Mörser mit einer Prise Salz fein verrieben und erst dann zu den anderen Gewürzen gemischt. Kardamom kauft man am besten in den grünen Kapseln. Sie werden im Mörser angestoßen, so dass man sie leichter aufbrechen und die schwarzen Samen entnehmen kann. Diese werden dann geröstet und anschließend gemahlen. In einigen Läden bekommt man auch die bereits ausgelösten ganzen Samen. Fertig gemahlener Kardamom hat den größten Teil seines Aromas bereits verloren.

Das Mischen

Wenn alle Gewürze gemahlen und die Mengen abgemessen sind, werden sie in einer Schüssel gründlich vermischt, nach Belieben noch durchgesiebt und anschließend in gut schließende Gläschen abgefüllt.

Das Lagern

Gewürze, egal ob ganz oder gemahlen, sollten grundsätzlich dunkel, trocken und kühl gelagert werden. Niemals in Herdnähe lagern, wo besonders viel Hitze und Feuchtigkeit entstehen. Sehr gut eignen sich die so genannten Apothekergläschen aus braunem, vor Licht schützendem Glas mit gut schließenden Deckeln.

Die Haltbarkeit

Vorausgesetzt, die Gewürzmischungen sind trocken, kühl und lichtgeschützt gelagert, halten sie 1 Jahr oder sogar länger. Da das Aroma sich aber erheblich früher verliert, sollte man sie innerhalb von 4–6 Monaten aufbrauchen und lieber weniger, dafür aber öfter mischen.

Zu viel Schärfe und Überwürzung

Gewürz-Ungeübte sollten die Mengen zunächst vorsichtig dosieren und vielleicht mit der Hälfte oder einem Viertel der angegebenen Menge anfangen. Ähnlich zurückhaltend sollte man mit sehr intensiven Aromen, etwa mit Gewürznelke, Sternanis oder Zimt sein, auch mit sehr bitteren wie Bockshornklee. Unbekannte Gewürze oder Mischungen nicht gleich an das Essen geben, sondern erst eine kleine Menge des Gerichtes separat würzen und kosten.

Schmeckt etwas zu sauer oder zu bitter, so kann man mit ein wenig Zucker oder Honig ausgleichen. Umgekehrt wird Übersüßes durch etwas Zitrone oder einen bitteren Akzent »interessant«.

Ist ein Gericht aber definitiv überwürzt, dann kann man sich eigentlich nur helfen, indem man den geschmacksneutralen Anteil des Gerichtes vergrößert, z. B. indem man mehr Reis zugibt. Wenn es zum Charakter des Gerichts passt, hilft auch eine gekochte Kartoffel, ein Schuss Sahne oder etwas Joghurt. Vorsicht bei richtigen Scharfmachern wie Cayennepfeffer und Chili! Wenn damit etwas zu scharf geworden ist, kann man aber, wie in der Thaiküche, sehr gut mit sanfter Kokosmilch entgegenwirken.

Die meisten Gewürzmischungen haben keine festen Rezepte, vielmehr gibt es jeweils unzählige Varianten. Von einigen heißt es, man findet so viele Rezepte wie es Köche im Lande gibt. Viele Rezepte werden streng gehütet und nur innerhalb der Familien weitergegeben.

Es gibt übrigens nur wenige Gewürzmischungen mit unveränderlichen Zutaten und Mengen, wie das bengalische Panch Phoron, das immer zu gleichen Teilen aus Fenchel, Cumin, Bockshornklee, Schwarzkümmel und Senf besteht – und zwar aus den ganzen Samen, die aber nicht geröstet oder gemahlen werden.

Die auf den Seiten 69 und 70 vorgestellten Rezepte habe ich durch das Ausprobieren von zahlreichen jeweiligen Rezeptvarianten entwickelt. Dabei handelt es sich nur um eine Auswahl von bekannteren Mischungen, nicht um eine komplette Auflistung.

Über die Variationen bekannter Gewürzmischungen hinaus habe ich eigene Mischungen entwickelt (Rezepte auf Seite 71–73). Sie spiegeln meine ganz persönliche Vorliebe für bestimmte Gewürze wider, insbesondere für Kardamom, Piment, Minze und getrocknete Schalen von Zitrusfrüchten.

Garam Masala

Für Garam Masala gibt es ähnlich viele Rezepte wie für Currypulver. Dieses ist eine Basismischung, die man ganz nach eigenem Geschmack verändern kann. Garam Masala wird meist erst gegen Ende der Kochzeit über die Gerichte gestreut. Nach Belieben kann man die Mischung mit Muskatnuss, Fenchelsamen, braunen Senfkörnern und Chilischoten ergänzen.

6 EL Koriandersamen | 4 EL Cuminsamen
3 EL schwarze Pfefferkörner
1 1/2 EL Kardamomsamen
3 Lorbeerblätter
2 EL Zimtpulver | 2 TL gem. Macis

| ZUBEREITUNG | *Ganze Samen und Körner separat bis zu 10 Min. rösten, dann mahlen. Lorbeerblätter im Mörser oder Mixer fein zerreiben. Alle Gewürze mischen.*

Lebanese-Spice-Mix

Eine der vielen typischen, aber weniger aufwändigen arabischen Mischungen, deren Proportionen sich häufig unterscheiden. Zum Kennenlernen kann man mit jeweils gleichen Mengen beginnen und dann nach Geschmack variieren.

1 EL Kardamomsamen
1 EL Zimtpulver
1 EL gem. Gewürznelken
1 EL Cayennepfeffer

| ZUBEREITUNG | *Kardamom rösten und mahlen. Mit den übrigen Gewürzen mischen.*

Hawayij

Hawayij ist eine jemenitische Mischung, die meist aus den hier genannten Zutaten zusammengestellt wird, wobei es auch Mischungen ohne Safran gibt. In manchen Rezepten wird statt Cumin auch Kümmel verwendet. Ich habe die Gewürze zu einer leicht bis mittelscharfen Mischung mit deutlicher Safrannote zusammengestellt.

1/2 TL Safranfäden | 1 Prise Salz
2 EL schwarze Pfefferkörner
1 1/2 EL Cuminsamen
2 TL Kardamomsamen
2 EL Kurkuma

| ZUBEREITUNG | *Die Safranfäden mit dem Salz im Mörser fein verreiben. Die ganzen Gewürze separat rösten und mahlen. Alles mit Kurkuma mischen.*

Aus einer relativ kleinen Auswahl von Rohgewürzen lassen sich unzählige Mischungen komponieren: z. B. mit Koriander, Kurkuma und Cumin als Basis, mit Chili und Pfeffer für die Schärfe, mit Nelken, Zimt und Piment für das Aroma.

Baharat

Eine warme, hoch aromatische Mischung aus Arabien und dem Irak, bestehend aus Paprika, Cumin, Pfeffer, Koriander, Zimt, Gewürznelken und Kardamom in unzähligen Varianten. Weitere mögliche Zutaten sind Chili, Muskatnuss, Ingwer oder Piment. Baharat wird vor allem in Fleisch- und Fischgerichten verwendet.

4 TL Cuminsamen
3 TL schwarze Pfefferkörner
2 TL Koriandersamen
6 TL süßes Paprikapulver
2 TL gem. Gewürznelken
2 TL gem. Muskat | 2 TL Zimtpulver
1 TL gem. Kardamomsamen
1/2 TL Chilipulver

| ZUBEREITUNG | *Cumin, Pfeffer und Koriander separat rösten und mahlen. Mit den anderen Zutaten mischen.*

Berbere

Eine feurig scharfe Mischung aus Äthiopien für **Schmorgerichte** und Eintöpfe. Ganze Fleischstücke werden vor dem Braten mit Berbere **eingerieben.**

1 EL Koriandersamen
2 TL schwarze Pfefferkörner
2 TL Cuminsamen | 2 TL Kardamomsamen
2 TL Bockshornkleesamen
2 EL süßes Paprikapulver
1 EL Kurkuma | 2 TL Chilipulver
1 TL gem. Piment | 1 TL Ingwerpulver
1/2 TL Zimtpulver
1/2 TL gem. Gewürznelken

| **ZUBEREITUNG** | *Koriander, Pfeffer, Cumin, Kardamom und Bockshornklee separat rösten und mahlen. Mit den anderen Zutaten mischen.*

Mixed Spices

Eine klassische englische Mischung, auch **Pudding Spice** genannt, die für traditionelle Gebäck- und Kompottrezepte, Apple Pies und **Pfannkuchen** verwendet wird. Man kann auch noch 2 TL gemahlene getrocknete Orangenschalen zugeben.

3 TL Pimentkörner
3 TL Gewürznelken
2 1/2 TL Ingwerpulver
1 1/2 TL Zimtpulver
1 1/2 TL geriebene Muskatnuss

| **ZUBEREITUNG** | *Piment sowie die Gewürznelken separat rösten und mahlen. Je 2 TL abmessen. Mit den übrigen Zutaten mischen.*

Ras el Hanout

Die berühmte **marokkanische** Mischung, von der es unzählige Varianten aus bis zu 30 Zutaten gibt. Diese hier ist aromatisch und nur **wenig scharf.** Man verwendet sie vor allem zu Couscous, ich würze damit auch gerne Gemüsepfannen und **Suppen.**

3 EL Koriandersamen
2 EL Cuminsamen
2 EL Kardamomsamen
2 1/2 TL schwarze Pfefferkörner
1 EL Kurkuma | 1 EL süßes Paprikapulver
1 EL Ingwerpulver | 1 EL Zimtpulver
2 TL gem. Gewürznelken
1 TL geschrotete Chili

| **ZUBEREITUNG** | *Koriander, Cumin, Kardamom und Pfefferkörner separat rösten und mahlen. Mit allen übrigen Zutaten mischen.*

Typisch provenzalisch: Oregano, Thymian, Basilikum, Pfeffer, Knoblauch, Lavendel.

Provençalische Mischung

Eine typische südfranzösische Mischung, die gut zu vielen **mediterranen Gerichten** passt, wie zu gegrilltem Fisch oder geschmortem Gemüse wie **Ratatouille.**

1 TL schwarze Pfefferkörner
1 TL Senfkörner | 1 TL Cuminsamen
1 EL getr. Knoblauchflakes
1 EL grobes Meersalz
2 EL getr. Thymian | 1 1/2 EL getr. Oregano
2 TL getr. Basilikum
1 1/2 EL süßes Paprikapulver
1/2 TL Cayennepfeffer
Lavendelblüten (nach Belieben)

| **ZUBEREITUNG** | *Pfeffer, Senf und Cumin separat rösten. Zusammen mit Knoblauch, Salz und der Hälfte der Kräuter mahlen. Mit den restlichen Zutaten und übrigen Kräutern mischen.*

Cajun-Gewürz

Die Mischung stammt aus Louisiana. Sie passt zu Fisch, Fleisch und Huhn, kommt in **Gumbos,** traditionelle Eintopfgerichte, und in **Jambalayas,** scharf gewürztes Reisfleisch. Hier eine mittelscharfe Variante – wer mag, gibt mehr **Cayennepfeffer** dazu.

3 TL schwarze Pfefferkörner
1 TL weiße Pfefferkörner | 2 TL Cuminsamen
1 EL getr. Thymian | 2 TL getr. Oregano
2 TL Knoblauchpulver | 2 TL Zwiebelpulver
1 EL edelsüßes Paprikapulver
1 TL Cayennepfeffer

| **ZUBEREITUNG** | *Pfefferkörner und Cumin separat rösten und mahlen. Thymian und Oregano zwischen den Fingern zerreiben. Alle Zutaten mischen.*

| **TIPP** | *Für Cajun-Paste Knoblauch- und Zwiebelpulver weglassen. Frischen Knoblauch und frische Zwiebeln pürieren, mit den übrigen Gewürzen mischen.*

Grünes Koriander-Mint-Curry

Diese Mischung passt besonders gut zu Gemüse- und Fisch-Currys, die mit Kokosmilch oder Joghurt-Saucen angereichert sind.

2 TL Koriandersamen
1 1/2 TL Bockshornkleesamen
1 TL Kardamomsamen
2 1/2 TL Knoblauchpulver | 1 EL Kurkuma
2 TL zerriebene getr. Minze
1 TL zerriebenes getr. Koriandergrün
1 TL Ingwerpulver | 1/2 TL Cayennepfeffer
1/4 TL gem. Gewürznelken

| ZUBEREITUNG | *Koriander, Bockshornklee und Kardamom separat rösten und mahlen. Mit den anderen Zutaten gut mischen.*

Levantinische Pfeffermischung

Eine nicht allzu scharfe, dafür wundervoll aromatische Mischung aus den Gewürzen, die im östlichen Mittelmeerraum viel verwendet werden. Passt gut zu Hülsenfrüchten und geschmortem Gemüse.

3 EL schwarze Pfefferkörner
2 1/2 EL Pimentkörner
1 EL Zimtpulver
1 EL Paprikapulver
2 TL geriebene Muskatnuss

| ZUBEREITUNG | *Pfeffer und Piment separat rösten und mahlen. 2 EL gemahlenen Piment abmessen, mit den übrigen Zutaten mischen.*

Marokkanisches Honiggewürz

Die Aromen dieser mittelscharfen Mischung entfalten sich ganz besonders gut, wenn man die Gewürzmischung mit Honig verrührt (etwa 1 EL Gewürz auf 1–2 EL Honig) und Fleisch damit vor dem Grillen oder Schmoren einstreicht. Wer es milder liebt, ersetzt Rosenpaprika durch edelsüßes Paprikapulver und halbiert die Menge Cayennepfeffer.

2 EL Cuminsamen | 2 EL Koriandersamen
1 EL schwarze Pfefferkörner
2 EL gem. getr. Orangenschalen (Seite 46)
2 EL Ingwerpulver | 1 EL Rosenpaprika
1 EL gem. Kardamom | 1/2 EL Kurkuma
1/2 EL Zimtpulver | 1/2 EL Salz
1 TL Cayennepfeffer

| ZUBEREITUNG | *Cumin, Koriander und Pfeffer separat rösten und mahlen. Mit den anderen Zutaten gut mischen.*

Black Powder

Eine würzige Mischung, die besonders gut auf Quark und frischen Gurken oder zu Tomaten schmeckt. Man kann alternativ auch die ganzen Gewürze, ohne sie vorher zu rösten, in die Pfeffermühle geben und jederzeit frisch mahlen.

ZU GLEICHEN TEILEN
schwarze Pfefferkörner
Pimentkörner
Schwarzkümmelsamen
Koriandersamen

| ZUBEREITUNG | *Alle Gewürze separat rösten und nicht zu fein mahlen. Gründlich mischen.*

Das Marokkanische Honiggewürz passt besonders gut zu Ente, Hähnchen, Lamm- und Schweinefleisch. Man kann auch dunkle Bratensaucen damit würzen.

Lemon-Mint-Mix

Diese mediterrane **zitronige** Mischung entstand im Winter aus der Sehnsucht nach Sonne und Meer. Sie eignet sich für **schnelle Dressings** und Dips, z. B. Avocado-Dip, und passt zu Fisch und Gemüse wie **Fenchel** und Zucchini.

2 EL gem. getr. Zitronenschalen (Seite 36)
3 EL Knoblauchpulver
1 EL schwarze Pfefferkörner
1 EL Meersalz
6 EL fein zerriebene getr. Minze

| **ZUBEREITUNG** | *Zunächst alle harten Zutaten mischen und mahlen. Die Minze zugeben und eventuell alles nochmals mahlen.*

Harvest Spice

Eine Mischung zu **herbstlichem** Gemüse, speziell zu Pastinaken, Kürbis und Rüben, aber auch zu **deftigen** Eintöpfen mit Schweinefleisch, Backobst und Nüssen.

2 EL Kardamomsamen
2 TL Pimentkörner
3 EL Ingwerpulver | 2 EL Zimtpulver
1 TL Cayennepfeffer
1/2 TL gem. Gewürznelken

| **ZUBEREITUNG** | *Kardamom und Piment separat rösten und mahlen. Mit den anderen Gewürzen gut mischen.*

Oriental Orange Spice

Der **Inbegriff** orientalischer Küche: Orangen, Minze und Zimt … Eine hocharomatische Mischung für Reis und Couscous, aber auch zu **Lamm** und Geflügel, das mit **Trockenfrüchten** zusammen geschmort wird.

6 EL Koriandersamen
2 TL schwarze Pfefferkörner
1 TL brauner Zucker
2 EL gem. getr. Orangenschalen (Seite 46)
1 TL gem. getr. Limettenschalen (Seite 36)
3 EL fein zerriebene getr. Minze
1 EL Kurkuma | 2 TL Zimtpulver
1 TL gem. Piment | 1/2 TL Chilipulver

| **ZUBEREITUNG** | *Koriander und Pfeffer separat rösten, zusammen mit Zucker, Orangen- und Limettenschalen mahlen. Alle Zutaten gründlich mischen.*

Karibische Currymischung

Nicht nur in Indien, sondern auch in weiten Teilen Afrikas und der Karibik sind **Currymischungen** beliebt. Diese Mischung passt gut zu **exotischen** Fisch- und Reisgerichten.

3 EL Koriandersamen
2 EL Senfkörner
1 EL Cuminsamen
2 EL Kurkuma
1 EL Knoblauchpulver
1 TL geschrotete Chili

| **ZUBEREITUNG** | *Koriander, Senf und Cumin separat rösten und mahlen. Mit den anderen Zutaten mischen.*

Tunisian Rose & Mint Spice

Eine ebenso **duftige** wie frische Mischung zu Reisgerichten und **Geflügel**. Ungewöhnlich und fast nur noch in Tunesien verwendet: **Paradieskörner** – kleine, glänzenden aromatische Kügelchen mit pfefferähnlicher Schärfe.

2 EL Koriandersamen
2 TL schwarze Pfefferkörner
1 TL Paradieskörner
1 EL getr. Rosenblütenknospen
1/2 TL Knoblauchpulver
1 EL fein zerriebene getr. Minze

| **ZUBEREITUNG** | *Koriander, Pfeffer und Paradieskörner separat rösten, fein mahlen. Zusammen mit Rosenknospen und Knoblauch eventuell nochmals mahlen. Die Minze untermischen.*

Die Minze von Stielen befreien und zwischen den Fingern fein verreiben.

Kokos-Curry

Eine ungewöhnliche Currymischung, in der das Kokosaroma bereits enthalten ist. Passt vor allem zu Fisch und fruchtigen Currygerichten.

4 EL Koriandersamen
3 EL Cuminsamen
2 TL Kardamomsamen
1 TL Bockshornkleesamen
8 EL Kokosraspel
2 EL fein zerriebene getr. Curryblätter
2 TL geschrotete Chili
1 TL gem. Gewürznelken

| ZUBEREITUNG | *Koriander, Cumin, Kardamom und Bockshornklee zusammen 6–8 Min. rösten. Die Kokosraspel 2–3 Min. mitrösten. Abkühlen lassen, mahlen und mit den restlichen Zutaten mischen.*

Persisches Rosengewürz

Eine zart duftende Mischung, die vor allem zu süßen Reisspeisen und zartem Geflügel harmoniert.

10 EL getr. Rosenblättchen
50 g Zimtstangen
5 EL Kardamomsamen
3 EL Cuminsamen

| ZUBEREITUNG | *Die Rosenblättchen im Mixer zerkleinern. Alle anderen Zutaten separat rösten und zusammen mahlen. Rosenblätter untermischen.*

Sweet Cinnamon Mix

Eine klassische Mischung, die gut zu herbstlichen Früchten passt. Einfach mit Zucker mischen, z. B. 1 Teil Sweet Cinnamon Mix, 4 Teile brauner Zucker. Ideal auf warmem Apfelkuchen, zu Birnenauflauf oder Bratapfel. Schmeckt auch gut in heißer Honigmilch.

3 EL Zimtpulver
2 EL gem. Piment
1 EL geriebene Muskatnuss
1 TL gem. Gewürznelken

| ZUBEREITUNG | *Alle Gewürze gut miteinander mischen.*

| TIPP | *Ohne Zucker passt diese Mischung gut zu Schweinefleisch, Kürbis und allen Wurzelgemüsen, besonders zu süßen Möhren.*

Arabian Coffee Spice

Kardamom ist in Arabien das Kaffeegewürz schlechthin – entweder werden die Kapseln mit aufgebrüht oder gemahlener Kardamom ist dem abgepackten Kaffee zugesetzt. Diese Mischung bringt arabisches Flair in den Kaffee. Kardamom, Nelken, Piment und Pfeffer vor dem Mahlen und Abmessen separat trocken rösten.

9 TL gem. Kardamom
3 TL Zimtpulver | 2 TL ger. Muskatnuss
1 TL gem. Gewürznelken
1 TL gem. Piment
1 TL gem. schwarzer Pfeffer

| ZUBEREITUNG | *Alle Zutaten gut miteinander mischen.*

| TIPP | *Mir schmeckt Coffee Spice am besten in gesüßtem Espresso. Einfach 1 Prise mit dem Zucker hineinrühren. Fein aber auch in kräftigem Kakao.*

Kokos (rechts im Bild) ist typisch für die karibische, indische und thailändische Küche. Rosenblätter (oben) werden vor allem im Iran und in Marokko verwendet.

REZEPTE

Salate und Suppen – mit ihnen startet jedes gute Menü. Sie locken den Appetit und machen **Lust auf mehr.** Mit einem Stück Fladenbrot oder Baguette wird aus jedem Gericht ein leichtes **Mittagessen** oder Abendbrot – ideal nicht nur für heiße Sommerabende.

SALATE & SUPPEN

Friséesalat mit Lachs-Omelettröllchen

Herber Frisée, scharfe Frühlingszwiebeln, salziger Lachs und mild pikantes Omelett gehen eine großartige Verbindung ein!

ZUBEREITUNGSZEIT: CA. 40 MIN.
PRO PORTION: CA. 385 KCAL
FÜR 4 PERSONEN

1 Kopf Friséesalat
2 Frühlingszwiebeln
8 Scheiben Räucherlachs in dünnen Scheiben
3 große oder 4 mittelgroße Eier
1 EL Sojasauce
Salz
schwarzer Pfeffer aus der Mühle
2–3 TL Öl
6 EL Zitronenvinaigrette (Seite 80)

1 Friséesalat waschen, putzen, trockenschleudern und klein zupfen. Frühlingszwiebeln putzen, das Weiße sehr fein hacken, das Grüne in sehr feine Ringe schneiden. Räucherlachsscheiben auseinander legen.

2 Eier mit 2 EL Wasser, Sojasauce, Salz und Pfeffer mit dem Schneebesen 1–2 Min. schlagen. Eine beschichtete Pfanne (20 cm Ø) mit etwas Öl auspinseln und stark erhitzen. Etwa 50 ml Eimischung in die Pfanne geben, durch Schwenken verteilen. Etwa 20 Sek. stocken lassen, bis das Omelett von unten hellbraun, von oben noch etwas feucht ist.

3 Pfanne vom Herd nehmen, 2 Lachsscheiben und die weißen Zwiebeln auf dem Omelett verteilen. Das Omelett aufrollen, etwas abkühlen lassen und in 2–3 cm breite Röllchen schneiden. Mit den anderen Omeletts entsprechend verfahren. Frisée mit Vinaigrette beträufeln, die Lachsröllchen darauf anrichten, mit dem Zwiebelgrün dekorieren.

WÜRZVARIANTEN
1. Mit Meerrettich & Kresse: Das Omelett dünn mit Meerrettichcreme bestreichen, darauf den Lachs legen. Statt mit Frühlingszwiebeln mit etwas Kresse oder Schnittlauchröllchen bestreuen und aufrollen.
2. Mit pikanten Pasten: Omeletts mit Ajvar (würzige Paprikapaste, in türkischen Läden zu kaufen), Pesto oder Tapenade bestreichen. Mit Petersilienblättchen bestreuen und aufrollen. Dafür eignen sich gut die selbst gemachten Pesti von Seite 114/115.

Radicchio mit scharfen Zitronenkartoffeln

Sanfte, leicht süßliche Kartoffeln können einiges vertragen: Zitrone und Essig liefern Säure, Olivenöl und Radicchio sorgen für herbe Töne, und Chili, Zwiebel und Knoblauch bringen frische Schärfe in diesen bunten Sommersalat.

ZUBEREITUNGSZEIT: CA. 50 MIN.
MARINIERZEIT: MIND. 1 STD.
PRO PORTION: CA. 255 KCAL
FÜR 4 PERSONEN

800 g sehr kleine Kartoffeln | Salz
2 grüne Chilischoten
3–4 Frühlingszwiebeln
5–6 Knoblauchzehen
3–4 unbehandelte Zitronen
90 ml konzentrierte Brühe
90 ml Sherryessig
schwarzer Pfeffer aus der Mühle
2 Bund glatte Petersilie
1 mittelgroßer Kopf Radicchio
5 EL Olivenöl

1 Kartoffeln gründlich bürsten und mit der Schale in Salzwasser in 16–18 Min. gar kochen. Inzwischen die Chilischoten längs aufschlitzen, die Trennwände und Samen entfernen, das Fruchtfleisch fein würfeln. Frühlingszwiebeln putzen, das Weiße fein hacken, das Grüne in feine Ringe schneiden und beiseite stellen. Knoblauch schälen. Zitronen heiß waschen, von 2 Zitronen die Schale fein abreiben. 90 ml Saft auspressen.

2 Zitronensaft, Brühe und Sherryessig mit Zitronenschale, Salz und Pfeffer mischen. Knoblauch hineinpressen, Zwiebel- und Chiliwürfel hinzufügen. Die fertigen Kartoffeln abgießen, halbieren oder vierteln und noch heiß in das Dressing geben. Darin abkühlen lassen und mindestens 1 Std. im Kühlschrank ziehen lassen, zwischenzeitlich die Kartoffeln in der Marinade öfter wenden.

3 Inzwischen die Petersilie waschen, trockenschütteln, die Blättchen abzupfen und hacken. Salatblätter waschen und trockentupfen. Von der Marinade 2 EL abnehmen, mit 2 EL Olivenöl mischen. Radicchio in einer flachen Schale verteilen, mit der Mischung beträufeln. Restliches Öl mit der Petersilie und dem Grün der Frühlingszwiebeln unter die Kartoffeln mischen. Auf den Salatblättern anrichten.

WÜRZVARIANTE MIT PISTAZIENDRESSING

Sehr gut schmecken die Kartoffeln auch in diesem knackigen Dressing: 4 EL Zitronensaft mit Salz und Pfeffer mischen. 8 EL Olivenöl unterschlagen, bis man eine Emulsion hat. 4 Frühlingszwiebeln wie oben beschrieben vorbereiten. 50 g Pistazienkerne fein mahlen, alles untermischen. Die heißen Kartoffeln im Dressing abkühlen und mindestens 1 Std. ziehen lassen, zwischenzeitlich öfter wenden. Mit 30 g grob gehackten Pistazienkernen und 2 TL Zitronenzesten bestreuen.

Dieser erfrischende Salat ist perfekt für einen heißen Sommerabend, beispielsweise zu gegrilltem Fisch. *Dazu passt ein gut gekühlter* Sherry *oder ein eleganter Riesling von der Nahe.*

Sie ist der Klassiker unter den Salatsaucen: Bereits mit Essig oder Zitronensaft, Öl, Salz und Pfeffer kann man eine wundervolle Vinaigrette herstellen. Senf und Honig, Kräuter, Knoblauch, Zwiebeln und Gewürze schaffen dazu unendliche Variationsmöglichkeiten.

Grundrezept Zitronenvinaigrette

ZUBEREITUNGSZEIT: CA. 10 MIN.
FÜR 4 PERSONEN

3 EL Zitronensaft
Salz | schwarzer Pfeffer aus der Mühle
8 EL Olivenöl

Zitronensaft mit Salz und Pfeffer verrühren, bis sich das Salz völlig aufgelöst hat. Das Olivenöl unter kräftigem Schlagen erst tropfenweise, dann in größeren Mengen zugeben, bis eine cremige Sauce entstanden ist.

1. GESCHMACKSERLEBNIS: **SENF**

1 EL Rotweinessig, 1–2 EL Zitronensaft, Salz und Pfeffer, 2 TL groben Senf, 1–2 TL Dijon-Senf und 1 gute Prise Zucker in einer Schüssel mit einem Schneebesen verrühren, bis sich Salz und Zucker völlig gelöst haben. 8 EL Olivenöl unterrühren und rühren, bis sich alle Zutaten verbunden haben und die Sauce glatt ist.

2. GESCHMACKSERLEBNIS: **WALNUSS & HONIG**

2 EL Sherryessig, Salz und schwarzen Pfeffer sowie 2 TL Dijon-Senf und 2 TL Honig wie im Grundrezept beschrieben verrühren. Je 4 EL Walnuss- und Sonnenblumenöl untermischen und rühren, bis eine glatte, sämige Sauce entstanden ist. Zum Schluss 40 g fein gehackte Walnusskerne untermischen.

3. GESCHMACKSERLEBNIS: **KAPERN & SARDELLEN**

4–5 Sardellenfilets (in Salz eingelegt) kurz wässern, grob hacken. 3–4 TL Kapern abspülen, abtropfen lassen. 1 Bund glatte Petersilie fein hacken. 3 EL Zitronensaft mit 8 EL Olivenöl wie im Grundrezept beschrieben zu einer Vinaigrette rühren, Sardellen, Kapern und Petersilie untermischen. Passt zu Kartoffelsalaten und Salaten mit Ei.

4. GESCHMACKSERLEBNIS: **ORANGE & MINZE**

2 EL weißen Aceto balsamico mit Salz, Pfeffer, 2 TL Senf, 1 EL Orangensirup (Seite 57), 1 TL getr. Orangenschalen (Seite 46) und 1 TL fein zerriebener getr. Minze verrühren. 5 EL Olivenöl tropfenweise unterschlagen. Einige frische Minzeblätter fein hacken, vor dem Servieren zugeben. Passt zu Blatt- und Gemüsesalaten.

Knoblauch-Honig-Sauce mit Koriander

Frisch gerösteter und gemahlener Cumin verleiht zusammen mit frischem Koriandergrün diesem Dressing seine ausgeprägte Note. Passt gut zu Pellkartoffeln, Eiern und Gemüsesticks.

ZUBEREITUNGSZEIT: CA. 10 MIN.
PRO PORTION: CA. 175 KCAL
FÜR 4 PERSONEN

1–2 TL Cuminsamen
1 frische Knoblauchzehe | 1 Bund Koriandergrün
250 g griechischer Joghurt (10 % Fett), ersatzweise
je 125 g Vollmilchjoghurt und Schmand
2 TL heller, klarer Honig (z. B. Akazienhonig)
Salz | schwarzer Pfeffer aus der Mühle

1 Cumin rösten, abkühlen lassen und fein mahlen. Knoblauch schälen. Koriander waschen, trockenschütteln und fein hacken.

2 Joghurt mit dem Honig glatt rühren, mit Salz und Pfeffer abschmecken. Den Knoblauch dazupressen. Cumin und das Koriandergrün unterheben.

Zitronensauce mit Cumin

Dieses Dressing mit Zitrone ist typisch für den Nahen Osten, wo aus Glaubensgründen oft kein Wein getrunken und deshalb auch kein Weinessig verwendet wird. Fein zu Reis, Geflügel.

ZUBEREITUNGSZEIT: CA. 15 MIN.
PRO PORTION: CA. 160 KCAL
FÜR 4 PERSONEN

1 Bund glatte Petersilie | 4–5 EL Zitronensaft
1 EL weißer Zucker | 1 1/2 TL gem. Cumin
1/4 TL Kurkuma | Salz
schwarzer Pfeffer aus der Mühle
6 EL Olivenöl

1 Petersilie waschen und fein hacken. Zitronensaft mit Zucker, Cumin, Kurkuma, Salz und Pfeffer verrühren, bis sich der Zucker gelöst hat.

2 Olivenöl erst tropfenweise, dann in dünnem Strahl zugeben und mit dem Schneebesen kräftig schlagen, bis eine Emulsion entsteht. Petersilie untermischen.

Sahnedressing mit Senf und Dill

In diesem sahnigen Dressing sind süße, scharfe und saure Komponenten besonders ausgewogen. Das Dressing ist zudem schnell gemacht und passt besonders gut zu gebeiztem Lachs.

ZUBEREITUNGSZEIT: CA. 10 MIN.
PRO PORTION: CA. 270 KCAL
FÜR 4 PERSONEN

1 Bund Dill | 3 EL Sahnemeerrettich | 3–4 EL grober Senf
2 TL heller, klarer Honig (z. B. Akazienhonig)
2–3 EL weißer Aceto balsamico | 100 g saure Sahne
200 g Crème fraîche | schwarzer Pfeffer aus der Mühle

Den Dill waschen und hacken. Meerrettich, Senf und Honig verrühren, Balsamico zugeben, dann saure Sahne und Crème fraîche einrühren. Mit Pfeffer abschmecken

TIPP **Aus Resten von Pellkartoffeln und ein paar Krabben wird mit diesem Dressing ein feiner Salat!**

Gorgonzola-Birnen-Dressing

Gorgonzola und Birne sind ein absolut klassisches Duo. Hier bilden sie ein feines Dressing, das besonders gut zu Chicorée oder frisch geraffeltem Sellerie passt.

ZUBEREITUNGSZEIT: CA. 10 MIN.
PRO PORTION: CA. 280 KCAL
FÜR 4 PERSONEN

1 reife Birne (oder 2 Birnenhälften aus der Dose)
150 g Gorgonzola | 100 g Crème fraîche
1–2 TL Weißweinessig | Salz
schwarzer Pfeffer aus der Mühle
Cayennepfeffer | 6–8 Walnusshälften

1 Birne schälen, das Kernhaus herausschneiden, in Stücke schneiden. Gorgonzola mit einer Gabel zerdrücken.

2 Käse, Birnenstücke und die Crème fraîche in den Mixer geben. Kurz mixen, bis eine dickliche Creme entstanden ist.

3 Das Gorgonzola-Birnen-Dressing mit Essig, Salz, Pfeffer und 1 Prise Cayennepfeffer pikant abschmecken. Walnusskerne grob hacken und darüber streuen.

Vier wirklich feine Dressings, die sich gut auf jedem Salatbuffet *machen. Von oben im Uhrzeigersinn:* Zitronensauce *mit Cumin (auf Petersilienbasis), Sahnedressing mit* Senf *und Dill, Gorgonzola-Birnen-Dressing und Knoblauch-Honig-Sauce mit* Koriander.

Dieser mediterrane Salat ist die **vegetarische Alternative** *zum klassischen Grillteller. Für einen anderen Akzent kann man die Aïoli auch einmal durch den Avocadodip mit Pistazien (Seite 107) ersetzen.*

Salat aus gebackenem Gemüse mit Aïoli

Dieser Salat besticht durch den **Gegensatz** des weichen, gebackenen Gemüses zu den knackigen Blattsalaten. Durch das Backen wird die natürliche Süße des Gemüses verstärkt, gegen die die zitronigen Saucen einen **frischen Kontrast** setzen.

ZUBEREITUNGSZEIT: CA. 1 STD.
PRO PORTION: CA. 710 KCAL
FÜR 4 PERSONEN

FÜR DAS GEMÜSE

2 kleine längliche Auberginen
2–3 kleine Zucchini
2–3 Möhren
Salz
8 große Champignons
2 EL Olivenöl
verschiedene Blattsalate nach Belieben
1 Bund glatte Petersilie

FÜR DIE AÏOLI

2 Eigelbe | 1/2 TL Salz
3–4 Knoblauchzehen
300 ml Olivenöl
1–1 1/2 EL Zitronensaft
weißer Pfeffer aus der Mühle

FÜR DIE VINAIGRETTE

2 EL Zitronensaft
Salz | schwarzer Pfeffer aus der Mühle
5 EL Olivenöl

1 Den Backofengrill auf 200 °C vorheizen. Auberginen und Zucchini waschen, trockentupfen. Möhren schälen. Auberginen und Zucchini in 1,5 cm dicke Scheiben schneiden. Die Möhren längs in 1 cm breite Streifen schneiden. Auberginen leicht salzen und nach 10 Min. mit Küchenpapier ausdrücken. Die Champignons mit Küchenpapier abreiben, die Stiele abschneiden. Das Gemüse auf einem mit Backpapier ausgelegten Backblech verteilen. Mit Olivenöl einpinseln. Nach 10 Min. wenden, nochmals mit Öl einpinseln und weitere 8–10 Min. grillen, bis das Gemüse weich und leicht gebräunt ist.

2 Für die Aïoli Eigelbe und Salz in den Mixer geben, den Knoblauch dazupressen. Etwa 10 Sek. mixen, dann das Olivenöl zunächst tropfenweise, dann im dünnen Strahl zugießen. Sobald die Mischung cremig ist, kann das restliche Öl auch schneller zugegeben werden. Zum Schluss mit Zitronensaft, Salz und weißem Pfeffer abschmecken. (Wichtig: Eigelb und Öl müssen Zimmertemperatur haben. Falls die Aïoli gerinnt: 1 oder 2 TL kochend heißes Wasser hineinmixen.)

3 Die Blattsalate und die Petersilie waschen und trockenschleudern. Salate auf einer Platte verteilen. Petersilienblättchen abzupfen. Für die Vinaigrette Zitronensaft mit Salz und Pfeffer verrühren. Olivenöl nach und nach unterschlagen, bis alles emulgiert. Vinaigrette über die Blattsalate träufeln. Das warme Gemüse darauf verteilen, mit Petersilienblättchen bestreuen. Aïoli separat dazuservieren.

WÜRZVARIANTE AÏOLI MIT SAFRAN

Wem die klassische Aïoli zu schwer ist, der kann einmal diese mit Safran veredelte, milde Variante versuchen, die auch hervorragend zu gegrilltem Fisch passt: Für einen Knoblauch-Safran-Dip 1 gute Prise Safranfäden mit etwas Salz im Mörser zerreiben, mit 1 TL Zitronensaft verrühren und etwas stehen lassen. 4 EL gute Mayonnaise mit 4 EL griechischem Joghurt (10 % Fett) mischen. 2 frische Knoblauchzehen schälen und hineinpressen. Mit der Safranmischung, 1/2 TL Akazienhonig, Salz, Pfeffer, Cayennepfeffer und etwas mehr Zitronensaft abschmecken.

Tomaten-Feta-Salat mit Minze und Walnüssen

Dieser Salat ist zusammen mit Fladenbrot ein köstliches, leichtes Sommeressen.

ZUBEREITUNGSZEIT: CA. 50 MIN.
MARINIERZEIT: MIND. 2 STD.
PRO PORTION: CA. 380 KCAL
FÜR 4 PERSONEN

750 g aromatische Tomaten (z. B. Eiertomaten)
Salz
1 unbehandelte Orange
(oder 1 TL getr. Orangenschalen, Seite 46)
2–3 EL frische Minze
3 Frühlingszwiebeln
300 g fester Fetakäse
40 g Walnusskerne
1 TL Cuminsamen
1 TL Koriandersamen
3 EL Zitronensaft
schwarzer Pfeffer aus der Mühle
5 EL Olivenöl

1 Tomaten mit kochendem Wasser übergießen, häuten, entkernen und klein würfeln. Leicht salzen, beiseite stellen. Orange heiß waschen, Schale mit Zestenreißer abziehen und fein würfeln. Minze waschen, trockenschütteln und fein hacken. Ein paar Blättchen zur Deko ganz lassen. Frühlingszwiebeln putzen. Das Grüne in sehr feine Ringe schneiden, das Weiße fein hacken. Fetakäse klein würfeln.

2 Walnusskerne in einer Pfanne ohne Fett rösten. Abkühlen lassen. Die Hälfte grob hacken. Cumin- und Koriandersamen ebenfalls trocken rösten, abkühlen lassen und mit den restlichen Walnusskernen fein mahlen. Mit den grob gehackten Walnüssen und 1/2 TL Salz mischen. Beiseite stellen. Zitronensaft mit Salz und Pfeffer mischen. Olivenöl tropfenweise unterschlagen, bis eine Emulsion entsteht. Orangenschalen und Frühlingszwiebeln einrühren.

3 Tomatenwürfel in ein Sieb geben, eventuell ausgetretene Flüssigkeit abtropfen lassen. Mit den Fetawürfeln und dem Dressing mischen. Mindestens 2 Std. im Kühlschrank ziehen lassen. Mit Minzeblättchen dekorieren, mit der Nussmischung bestreuen.

MEDITERRANE WÜRZVARIANTE
Statt Feta Mozzarella nehmen, die Minze durch frisches Basilikum ersetzen und die Walnusskerne gegen trocken geröstete Pinienkerne tauschen.

Tomaten und Feta in mundgerechte Würfel schneiden. Die Kräuter klein schneiden.

Das Öl nach und nach mit dem Rührbesen einarbeiten – so wird das Dressing sämig.

Damit der Salat nicht zu wässrig wird, die gesalzenen Tomaten kurz abtropfen lassen.

Rote-Beten-Salat mit Meerrettichdressing

Meerrettich, Senf und Kresse – das scharfe Trio wird durch Ahornsirup gemildert und passt perfekt zu den sanften roten Beten.

ZUBEREITUNGSZEIT: CA. 20 MIN.
MARINIERZEIT: MIND. 1 STD.
PRO PORTION: CA. 215 KCAL
FÜR 4 PERSONEN

500 g Rote Beten (vorgekocht)
4 EL Zitronensaft | 1 EL Zucker
Salz | schwarzer Pfeffer aus der Mühle
400 g griechischer Joghurt (10 % Fett)
3 EL geriebener Meerrettich (Glas)
2 EL Ahornsirup | 1–2 EL Dijon-Senf
1 Kästchen Kresse

1 Die Roten Beten in kleine Würfel oder Stifte schneiden. Zitronensaft mit Zucker, Salz und Pfeffer mischen, die Roten Beten darin mindestens 1 Std. im Kühlschrank ziehen lassen.

2 Joghurt mit Meerrettich, Ahornsirup und Senf mischen, mit Salz und Pfeffer abschmecken. Über die Roten Beten löffeln, nur leicht untermischen. Kresse kalt abbrausen, abschneiden und darüber streuen.

WÜRZVARIANTE MIT KOKOS, LIMETTE & CHILI

Rote Beten wie oben beschrieben würfeln und marinieren. 200 g griechischen Joghurt (10 % Fett) mit 200 ml Kokosmilch, 1 EL Limettensaft sowie 1 TL braunem Zucker verrühren. Mit Salz, Pfeffer, Cayennepfeffer, Limettensaft abschmecken. Dressing auf den Roten Beten verteilen. Mit einer Mischung aus 2 EL gerösteten Kokosraspeln und 1 Msp. Cayennepfeffer und zuletzt mit 1 fein gewürfelten kleinen grünen Chili bestreuen.

Mediterraner Paprikasalat mit Tunfisch

Mit Fladenbrot reicht dieser Salat für vier Personen zum **Sattessen** – oder für acht als **Vorspeise.**

ZUBEREITUNGSZEIT: CA. 50 MIN.
MARINIERZEIT: CA. 1 STD.
PRO PORTION: CA. 350 KCAL
FÜR 4 PERSONEN

4 rote Paprikaschoten
3 rote Zwiebeln
2–3 Knoblauchzehen
3 EL Zitronensaft
Salz | schwarzer Pfeffer aus der Mühle
6 EL Olivenöl
1 Kopfsalat | 3 Eier
1 Bund Koriandergrün (oder glatte Petersilie)
100 g schwarze Oliven ohne Stein
2 Dosen Tunfisch ohne Öl (à 150 g Abtropfgewicht)

1 Ofen auf 200 °C Umluft mit zugeschalteter Grilfunktion vorheizen. Paprikaschoten halbieren, putzen. Mit der Schnittfläche nach unten auf ein Backblech mit Backpapier legen, etwas flach drücken, 15–20 Min. grillen, bis die Haut dunkel ist und Blasen bildet. Paprika aus dem Ofen nehmen, mit einem feuchten Tuch bedecken und 10 Min. abkühlen lassen. Danach lässt sich die Haut problemlos abziehen.

2 Zwiebeln und Knoblauch schälen. Die Zwiebeln halbieren und in sehr feine Streifen schneiden und fein hacken. Die gehäuteten Paprika in Streifen schneiden. Zitronensaft mit Salz und Pfeffer verrühren. Knoblauch dazupressen. Olivenöl langsam im dünnen Strahl dazugeben und unterschlagen. Zwiebeln untermischen. Paprika darin 1 Std. im Kühlschrank ziehen lassen.

3 Inzwischen die Salatblätter waschen und trockenschleudern. Eier in 10 Min. hart kochen, kalt abschrecken, pellen und hacken. Koriandergrün waschen, trockenschütteln, die Blättchen abzupfen und hacken. Oliven in feine Ringe schneiden. Tunfisch abtropfen lassen, mit der Gabel zerpflücken. Salatblätter auf einem großen Teller ausbreiten. Paprika mit Tunfisch, Oliven und gehacktem Ei mischen und auf den Salatblättern verteilen. Mit Koriander bestreuen.

WÜRZVARIANTE MIT TOMATEN & BASILIKUM
Paprika durch gehäutete und entkernte Fleischtomaten-Viertel ersetzen. Statt roter Zwiebeln und Koriandergrün gibt es Frühlingszwiebeln und Basilikum dazu und milde Sardellenfilets anstelle von Tunfisch. Die Eier nicht hacken, sondern vierteln.

Geröstete gehäutete Paprikaschoten sind eine schnell zubereitete Basis für köstliche Vorspeisen: *Sie schmecken* klassisch italienisch, *mit gutem Olivenöl sowie etwas Aceto Balsamico, aber auch* orientalisch, *mit einem Dressing aus Tahini, Joghurt, Zitronensaft, Knoblauch und mit geröstetem Sesam bestreut.*

Möhren sind sehr **anpassungsfähig.** Ihr süßliches Aroma verträgt sich mit anderen **süßen Zutaten** wie Sahne, Ahornsirup oder Kokosmilch und fast allen Gewürzen, besonders den scharfen wie **Ingwer** und Cayennepfeffer.

Möhrensuppe besonders einfach und vier Mal anders

ZUBEREITUNGSZEIT: CA. 50 MIN.
FÜR 4 PERSONEN

GRUNDREZEPT

1 Zwiebel (80 g) | 1–2 Knoblauchzehen
600 g Möhren
150 g mehlig kochende Kartoffeln
30 g Butter | 1 EL brauner Zucker
400 ml Brühe

Zwiebel und Knoblauch schälen und fein hacken. Möhren und Kartoffeln schälen und klein schneiden. Zwiebeln in der Butter in 4–5 Min. glasig anschmoren, Knoblauch 1 Min. unter Rühren mitschmoren. Möhren zugeben, mit dem Zucker bestreuen, 2–3 Min. schmoren, mit der Brühe ablöschen. Kartoffelstücke zugeben, alles in 18–20 Min. weich kochen und mit dem Stabmixer pürieren.

1. GESCHMACKSERLEBNIS: **KOKOS, CURRY & LIMETTE**

200 ml Kokosmilch zum pürierten Gemüse geben, so viel Brühe einrühren, bis die gewünschte Konsistenz erreicht ist. Mit 2–3 TL Currypulver, Salz, Pfeffer, Cayennepfeffer und einigen Spritzern Limettensaft abschmecken. Mit 3–4 EL Kokoschips dekorieren. Wer es scharf mag, nimmt statt Currypulver thailändische Currypaste, etwas mehr Limettensaft und 1 TL braunen Zucker.

2. GESCHMACKSERLEBNIS: **ORANGE & GARAM MASALA**

200 ml Orangensaft und 200 g Sahne und so viel Brühe zum pürierten Gemüse geben, bis die gewünschte Konsistenz erreicht ist. Mit 2–3 TL Garam Masala, Salz, Pfeffer und 1–2 EL Ahornsirup abschmecken. Wer es scharf mag, gibt noch etwas Cayennepfeffer dazu. Sahne leicht aufschäumen, auf jede Portion einen Löffel voll setzen. Mit Garam Masala bestauben.

3. GESCHMACKSERLEBNIS: **INGWER & AVOCADO**

Das Gemüse mit zusätzlich 40 g gehacktem Ingwer schmoren. Kleine Kugeln aus dem Fruchtfleisch von 2 reifen Avocados ausstechen, mit 3 EL Zitronensaft, Salz, Pfeffer mischen, 10 Min. marinieren. 200 ml trockenen Weißwein zum pürierten Gemüse geben, mit Brühe bis zur gewünschten Konsistenz auffüllen. Avocadokugeln in Teller geben, mit Suppe auffüllen, etwas Sahne darauf verteilen.

4. GESCHMACKSERLEBNIS: **CHILI & ERDNUSS**

Das Grundrezept um 2 Knoblauchzehen erweitern. 300 ml Milch zum pürierten Gemüse geben, aufkochen, 100 g Erdnusscreme einrühren. Mit Brühe bis zur gewünschten Konsistenz auffüllen. Mit 2–3 EL Limettensaft, Salz, Pfeffer und Cayennepfeffer würzen. 1 rote Chilischote sehr fein würfeln, unterrühren. 30 g gesalzene Erdnusskerne mit Pfeffer und Cayennepfeffer mischen. Über die Suppe streuen.

Kürbissuppe

Das süßliche Kürbisfleisch ist **leicht nussig** und dabei recht neutral im Geschmack, weshalb es sich **wunderbar** mit ganz verschiedenen Gewürzen **kombinieren** lässt.

ZUBEREITUNGSZEIT: CA. 50 MIN.
PRO PORTION: CA. 335 KCAL
FÜR 4 PERSONEN

1 kleiner Kürbis (z. B. Hokkaido), ca. 1 kg
30 g Kürbiskerne
2 Schalotten (80 g)
20 g Butter
2–3 TL mildes Currypulver
ca. 500 ml Brühe
200 ml Milch
200 g Sahne
Salz | weißer Pfeffer aus der Mühle
Cayennepfeffer

1 Kürbis waschen, entkernen, eventuell schälen (beim Hokkaido-Kürbis kann die Schale mitgegessen werden!), zerkleinern, 600 g abwiegen. Kürbiskerne in einer Pfanne ohne Fett rösten. Schalotten schälen, fein hacken und in der Butter 1–2 Min. anschwitzen, Curry darüber stauben, Kürbisstücke zugeben, unter Rühren anschmoren. Mit der Brühe ablöschen. 15–20 Min. kochen, bis der Kürbis weich ist.

2 Mit dem Stabmixer pürieren, nach Belieben durch ein Sieb streichen. Mit Milch und 150 g Sahne bis zur gewünschten Konsistenz auffüllen. Mit Salz, weißem Pfeffer und Cayennepfeffer abschmecken. Restliche Sahne schlagen und auf die Suppe löffeln. Mit etwas Curry bestauben, Kürbiskerne aufstreuen.

WÜRZVARIANTEN

1. Mit Weißwein, Ingwer & Cayennepfeffer: Die Hälfte der Brühe durch Weißwein ersetzen. Zusätzlich zu den Schalotten: 1 EL fein gehackten Ingwer mit anschwitzen. Statt Curry: mit Delikatesspaprika und Cayennepfeffer abschmecken.

2. Mit Apfelsaft & Herbstgewürzen: Die Hälfte der Brühe durch Apfelsaft ersetzen. Mit Ingwer- und Zimtpulver, gem. Kardamom und Piment abschmecken. Oder mit Harvest Spice (Seite 72) würzen, einer Mischung, in der die typischen »Herbst & Winter-Gewürze« enthalten sind.

3. Mit Kokosmilch, Limette & Muskat: Für eine karibische Variante Milch und Sahne durch Kokosmilch ersetzen. Mit den Schalotten zusätzlich je 2 EL fein gewürfelten Ingwer und Knoblauch anschmoren. Mit Limettensaft, Ingwerpulver, Cayennepfeffer und reichlich geriebener Muskatnuss (etwa 1/2 Nuss!) karibisch scharf abschmecken. Mit Kokoschips servieren.

Mit den Schalotten angeschwitzter Ingwer gibt der Suppe ein frisches scharfes Aroma.

Ideal für die kalte Jahreszeit: Kürbissuppe mit warm-aromatischen Gewürzen.

Kürbissuppe exotisch: mit Kokos, herben, säuerlichen und scharfen Würzzutaten.

Aus den gleichen Zutaten wie für die Suppe lässt sich auch ein leckeres **Kürbisgemüse** *zubereiten: Das Kürbisfleisch würfeln und wie im Rezept garen, dabei die Flüssigkeitsmengen etwa halbieren. So wird aus einem Suppenrezept eine* **feine Beilage** *zu Schweine- oder Lammfleisch.*

Durchgepresste Kartoffeln und Möhren schaffen hier die **perfekte Bühne** *für den Auftritt verschiedenster Aromen: angefangen bei* **kräftig-würzigem Käse** *und feinherbem* **Safran,** *bis hin zu mild-süßen Mandeln und rasant-pikantem Cayennepfeffer.*

Kartoffelsuppe mit Safran und Gouda

Hier wird der Beweis geführt, dass eine schlichte Kartoffelsuppe mit einer guten Prise Safran im Handumdrehen auch ganz edel daherkommen kann.

ZUBEREITUNGSZEIT: CA. 50 MIN.
PRO PORTION: CA. 770 KCAL
FÜR 4 PERSONEN

400 g mehlig kochende Kartoffeln
1–2 Möhren (150 g) | Salz
1/2 TL Safranfäden
1/2 TL Zucker
ausgepresster Saft von 1 Zitrone
100 g alter Gouda
30 g Mandelblättchen
2 Zwiebeln (150 g)
1 Knoblauchzehe
30 g Butter
1 l gute Hühnerbrühe
schwarzer Pfeffer aus der Mühle
1/2 TL edelsüßes Paprikapulver
Cayennepfeffer

1 Kartoffeln und Möhren schälen, klein schneiden, in Salzwasser in 15–18 Min. weich kochen. Safranfäden mit dem Zucker im Mörser zerreiben, mit 1 EL Zitronensaft mischen, beiseite stellen. Gouda reiben. Mandelblättchen trocken rösten, bis sie goldgelb sind.

2 Zwiebeln und Knoblauch schälen. Zwiebeln fein hacken und in der Butter in 5 Min. glasig schmoren. Den Knoblauch dazupressen, 1 Min. mitschmoren, mit Brühe ablöschen und aufkochen.

3 Sobald die Kartoffeln gar sind, diese abgießen und ein wenig ausdampfen lassen. Zusammen mit den Möhren durch die Kartoffelpresse drücken und in die heiße Brühe schlagen. Safranmischung und geriebenen Käse zugeben.

4 Die Suppe mit Salz, Pfeffer, Paprikapulver und eventuell noch etwas Zitronensaft abschmecken. Mit Mandelblättchen bestreuen und mit 1 Prise Cayennepfeffer bestauben. Dazu passen geröstete Baguettescheiben mit feiner Knoblauchbutter.

WÜRZVARIANTE MIT SCHAFKÄSE
Safran durch Paprika, Kurkuma und geriebene Muskatnuss ersetzen; statt Gouda gewürfelten Schafkäse in der Suppe schmelzen lassen. Dann aber Vorsicht mit zusätzlichem Salz! Und anstelle der Mandelblättchen die Suppe mit Petersilie bestreuen.

Safran-Mandel-Suppe

Eine meiner **Lieblingssuppen** – genau richtig als Auftakt zu einem **genussvollen Abend** mit guten Freunden. Und wenn man den Hühnerfond durch Gemüsefond ersetzt, lässt diese Suppe auch die Herzen **vegetarischer Feinschmecker** höher schlagen.

ZUBEREITUNGSZEIT: CA. 1 STD.
PRO PORTION: CA. 345 KCAL
FÜR 4 PERSONEN

1/2 TL Safranfäden
1 TL Zucker
1 unbehandelte Orange
3 große Knoblauchzehen
200 g blanchierte Mandeln
Salz | 1 l Hühnerfond
1 TL gem. Kardamom
3 EL Sherry medium
etwas Zitronensaft
schwarzer Pfeffer aus der Mühle
3 Scheiben Kastenweißbrot vom Vortag
4–5 EL Olivenöl

1 Safran mit dem Zucker im Mörser fein zerreiben. Orange heiß waschen, die Schale mit dem Zestenreißer abziehen und beiseite stellen. Den Saft auspressen. Safran-Zucker-Mischung mit dem Orangensaft verrühren, ziehen lassen. Knoblauch schälen und grob hacken, zusammen mit den Mandeln und 1 TL Salz im Blitzhacker sehr fein pürieren. Eventuell 1–2 EL Hühnerfond dazugeben. Es sollte ein möglichst feines Mandelmus entstehen.

2 Hühnerbrühe aufkochen, Mandelmus hineinrühren. 10–15 Min. köcheln lassen. Suppe durch ein Sieb streichen. Safranmischung, Kardamom und Sherry unterrühren. Mit einigen Spritzern Zitrone, Salz und Pfeffer abschmecken. Brot entrinden, würfeln, im heißen Olivenöl knusprig braun braten. Suppe vor dem Servieren mit dem Pürierstab aufschäumen. Mit den Croûtons und den Orangenzesten bestreuen.

TIPP Wenn es einmal schnell gehen muss, ist fertiges Mandelmus (Reformhaus) genau richtig.

WÜRZVARIANTE MIT HONIG & ORANGENSAFT
So wird das Süppchen fruchtig süß: Die Hälfte der Hühnerbrühe durch Orangensaft ersetzen. Mit 2 EL Akazienhonig abrunden.

Safranfäden geben ihre Farbe und ihr Aroma fein zerrieben am besten ab.

Die Mandelmus-Brühe durch ein Sieb streichen, das feste Teilchen zurückhält.

Vor dem Aufschäumen in die sämige Suppe die Würzzutaten einrühren.

Rote-Beten-Suppe mit Wasabi und Zitrone

Süß, salzig, sauer und scharf in einer köstlichen Verbindung! Die Suppe schmeckt auch eisgekühlt als sommerliche Vorspeise.

ZUBEREITUNGSZEIT: CA. 1 STD.
PRO PORTION: CA. 425 KCAL
FÜR 4 PERSONEN

4–5 Rote Beten (600 g) | Salz
2 mehlig kochende Kartoffeln (200 g)
1 unbehandelte Zitrone
1 l Geflügelfond
200 g Sahne
3–4 TL Wasabipaste, nach Belieben auch mehr
grüner Pfeffer aus der Mühle
einige Schnittlauchstängel

1 Rote Beten in leicht gesalzenem Wasser in 30–40 Min. weich garen. Inzwischen die Kartoffeln schälen und würfeln. Zitrone heiß abwaschen, die Schale dünn abziehen und fein hacken. 3 EL Saft auspressen. Die Kartoffelwürfel im Fond in etwa 20 Min. weich kochen.

2 Die Roten Beten schälen und grob würfeln. Zusammen mit den Kartoffeln durch die Presse drücken und in die Brühe rühren. Sahne und Zitronenzesten unterrühren. Suppe mit Wasabi, Zitronensaft, Salz und grünem Pfeffer kräftig scharf abschmecken. Mit einigen Schnittlauchstängeln dekorieren.

WÜRZVARIANTE MIT MEERRETTICH & LIMETTE
Meerrettich, Limette und Kresse ähneln Wasabi, Zitrone und Schnittlauch in Schärfe und Säuerlichkeit und bringen doch ein deutlich anderes Aroma!

Würzige Dips und raffinierte Snacks – als Starter oder Appetizer eröffnen sie ein Menü und machen Lust auf mehr. Sie gehören auf jedes Vorspeisen-Buffet, sind unkompliziertes Fingerfood und einfach ideal für locker fröhliche Partys oder Picknicks.

SNACKS & DIPS

Arabische Hackbällchen

Diese **fruchtig würzigen** Hackbällchen passen hervorragend auf ein Vorspeisen-Buffet. Und wer es weniger **orientalisch** mag, lässt Zimt, Piment und Sultaninen einfach weg.

ZUBEREITUNGSZEIT: CA. 1 STD. 10 MIN.
MARINIERZEIT: CA. 1 STD.
PRO PORTION: CA. 215 KCAL
FÜR 12 PERSONEN

2 Scheiben Toastbrot
200 g Vollmilchjoghurt
100 g Pinienkerne
2–3 TL Pimentkörner
2–3 Knoblauchzehen
3–4 Frühlingszwiebeln
100 g helle Sultaninen
1 kg Lammhack
2 TL Zimtpulver | Cayennepfeffer
2–3 TL Salz | Pfeffer aus der Mühle
Olivenöl zum Braten
ein paar Minzeblättchen oder glatte Petersilie

1 Toastbrot würfeln, mit dem Joghurt mischen, 10 Min. stehen lassen. Pinienkerne in einer Pfanne ohne Fett goldgelb rösten. Piment ebenfalls trocken rösten, abkühlen lassen und fein mahlen. Knoblauch schälen und sehr fein hacken. Frühlingszwiebeln putzen, das Grüne in sehr feine Ringe schneiden, das Weiße fein hacken. Sultaninen grob hacken. Das Lammhack mit Zimt, Cayennepfeffer, Salz und Pfeffer pikant abschmecken, mit den anderen Zutaten gut miteinander vermischen, für etwa 1 Std. in den Kühlschrank stellen.

2 Mit einem Esslöffel von der Hackfleischmasse kleine Mengen abstechen, Bällchen formen. Eine beschichtete Pfanne mit wenig Olivenöl auspinseln, die Hackbällchen darin portionsweise in jeweils etwa 6 Min. kross braten. Auf Küchenpapier entfetten. Minze waschen, trockenschütteln, die Blättchen abzupfen und über die Fleischbällchen streuen.

TIPP Damit die Bällchen gleich groß und damit gleichzeitig kross werden, einen Haushaltsmesslöffel (Größe: 1 EL) verwenden (siehe Seite 65).

WÜRZVARIANTEN
Statt mit Zimt, Piment und Cayennepfeffer mit Garam Masala (fertig gekauft oder Rezept Seite 69) oder Baharat (ebenfalls Seite 69) würzen. Pinienkerne nach Belieben durch Mandelstifte und die süßlichen Sultaninen durch säuerliche Berberitzen ersetzen.

Ein feines kleines Abendessen, zu dem hervorragend ein **frischer Salat** passt.

Miniquiches ganz einfach und vier Mal anders

ZUBEREITUNGSZEIT: CA. 1 STD.
RUHEZEIT: CA. 1 STD.
FÜR 4 PERSONEN/8 MINIQUICHES

BASISREZEPT

FÜR DEN TEIG

100 g kalte Butter
200 g Mehl | 1/2 TL Salz
Butter zum Ausfetten

FÜR DIE EI-MISCHUNG

150 g Schmand | 50 g Sahne
2 Eier | Salz | Pfeffer

Butter klein würfeln, mit Mehl und Salz verkneten, dabei nach und nach 2 EL kaltes Wasser zugeben, bis der Teig ganz glatt ist. Zu einer Kugel formen, in Frischhaltefolie wickeln und für 1 Std. in den Kühlschrank legen.
Ofen auf 170 °C Umluft (190 °C Ober-/Unterhitze) vorheizen. Tortelettförmchen (10 cm oberer Ø) fetten. Den Teig 2–3 mm dick ausrollen, 8 Kreise von etwa 12 cm Ø ausstechen, die Förmchen damit auslegen. Teig mehrfach mit einer Gabel einstechen. Törtchen im vorgeheizten Ofen 10 Min. blind vorbacken (mit trockenen Bohnenkernen oder Linsen füllen).
Für den Guss Schmand, Sahne, Eier, Salz und Pfeffer mit einer Gabel gründlich verrühren. Die Törtchen füllen, die Ei-Mischung darauf verteilen, Törtchen weitere 15 Min. bei 200 °C Umluft (220 °C Ober-/Unterhitze) backen.

1. GESCHMACKSERLEBNIS: AUSTERNPILZE & KÄSE

1/2 Bund glatte Petersilie hacken. 400 g Austernpilze klein schneiden und in 1 EL Öl 4–5 Min. schmoren. 1 Knoblauchzehe dazupressen, 30 Sek. mitschmoren. Etwas abkühlen lassen, salzen, pfeffern, 2 EL gehackte Petersilie untermischen. In die Förmchen füllen, mit der Ei-Mischung begießen, mit 150 g Raclettekäse in Streifen belegen und backen.

2. GESCHMACKSERLEBNIS: MANGOLD & SULTANINEN

Stiele von 6–8 Mangoldblättern in 1 cm breite, kurze Streifen schneiden, 2 Min. in Salzwasser blanchieren. Mangoldgrün grob hacken, 30 Sek. blanchieren, abtropfen lassen. 3 EL Sultaninen einweichen. 2 EL Pinienkerne rösten, auf den Tortelettböden verteilen. Mangold mit Sultaninen mischen, salzen, pfeffern, mit Muskat würzen. In die Förmchen füllen, Ei-Mischung darüber gießen und backen.

3. GESCHMACKSERLEBNIS: ZWIEBELN & SPECK

400 g Zwiebeln schälen und mittelfein hacken. 80 g durchwachsenen Räucherspeck fein würfeln. Zwiebeln in 1 EL Öl in 5–6 Min. glasig schmoren. 1 Knoblauchzehe dazupressen, 30 Sek. mitschmoren. Zwiebeln mit Kümmel mischen und in die vorgebackenen Förmchen füllen. Mit Ei-Mischung begießen, mit Speckwürfeln bestreuen und backen.

4. GESCHMACKSERLEBNIS: PAPRIKA & ZIEGENKÄSE

4 rote Paprikaschoten grillen wie auf Seite 88 beschrieben, ruhen lassen und die Haut abziehen, Paprika in Streifen schneiden. 250 g Ziegenfrischkäse zerbröckeln, die Hälfte in die Förmchen geben, darauf Paprika, Thymian und wieder Käse. Mit 2–3 EL Olivenöl beträufeln (keine Ei-Mischung!) und backen.

Frische Frühlingsrollen

Ein bisschen aufwändig herzustellen, dafür ein ganz besonderer asiatisch-leichter Snack. Mit einer Suppe für vier Personen zum Sattwerden oder für acht als Vorspeise.

ZUBEREITUNGSZEIT: CA. 1 STD. 30 MIN.
PRO PORTION: CA. 215 KCAL
FÜR 4 PERSONEN

150 g Hähnchenbrustfilet
1 unbehandelte Zitrone
1 EL Sojasauce
50 g feinste Reisnudeln
2 kleine Zwiebeln (100 g)
2–3 Möhren (200 g)
100 g frische Sojabohnensprossen
1/2 Bund Koriandergrün
1/2 Bund glatte Petersilie
16 Salatblätter (am besten von Romanasalatherzen) zum Einwickeln
2 EL Öl | Salz | Pfeffer aus der Mühle
1 EL Fischsauce (oder Sojasauce)
20 runde Reispapierscheiben (16 cm Ø)
Austernsauce und süßscharfe Chilisauce zum Dippen

1 Hähnchenbrustfilet waschen, trockentupfen, quer halbieren und in dünne Streifen schneiden (4 x 0,5 cm). Zitrone heiß waschen, mit dem Zestenreißer dünne Streifen abschälen und beiseite stellen. 2 EL Saft auspressen, mit Sojasauce mischen, die Hähnchenstreifen darin marinieren. Reisnudeln nach Anleitung wenige Minuten kochen, kalt abspülen und klein schneiden.

2 Zwiebeln schälen, halbieren und in feine Streifen schneiden. Die Möhren schälen, in schmale Streifen schneiden (4 cm x 3 mm). Sprossen waschen und trockentupfen. Koriander und Petersilie waschen, trockenschütteln und die Blättchen abzupfen. Die Salatblätter waschen und trockenschleudern, dicke weiße Mittelrippen herausschneiden.

3 Zwiebelstreifen in 1 EL Öl 3 Min. glasig anschmoren, Möhrenstreifen dazugeben, knapp 2 Min. mitschmoren, dann die Sojasprossen zugeben, 1–2 Min. weiterschmoren. Möhren und Sprossen sollen noch knackig sein. Beiseite stellen. Hähnchenstreifen aus der Marinade nehmen, trockentupfen, im restlichen Öl in 3 Min. goldbraun braten. Salzen, pfeffern. Abkühlen lassen, dann mit dem Gemüse, den Reisnudeln und der Fischsauce mischen.

4 Reispapierscheiben einzeln in einem Suppenteller in kaltem Wasser 1–2 Min. einweichen, bis sie transparent und weich werden. Auf ein Stück Küchenpapier legen (saugt überschüssiges Wasser auf). Zuerst Koriander und Petersilienblättchen in der Mitte verteilen (sieht später sehr dekorativ aus!). Darauf 1 gehäuften EL der Gemüse-Nudel-Fleisch-Mischung mit 2–3 Zitronenzesten geben.

5 Das weiche Reisblatt von unten bis zur Mitte aufrollen, dann die Seiten einschlagen und den Rest aufrollen. Umgedreht auf eine Platte legen. Mit Klarsichtfolie abdecken, damit die Rollen nicht austrocknen. Mit den restlichen Reispapierscheiben entsprechend verfahren. Gut abgedeckt im Kühlschrank bis zum Verzehr aufheben. Direkt vorher: Jede Rolle in ein Salatblatt wickeln. Mit Austern- und Chilisauce zum Dippen servieren.

WÜRZVARIANTE MIT FISCH

Statt der Hähnchenstreifen Surimi-Stäbchen längs vierteln und mit dem Gemüse mischen! Ebenso geeignet sind roher Tunfisch, roher Lachs oder kleine Garnelen, in Zitrone und Sojasauce mariniert.

Das Aufwickeln der **Reisblätter** *ist nicht ganz einfach, weil sie leicht einreißen. Hilfreich ist es, die Zutaten* **sehr fein** *zu schneiden. So lässt sich alles besser zusammenfassen. Auch wenn die Rollen anfangs nicht perfekt sind: sie schmecken großartig, und das* **Salatblatt** *drumherum gibt zusätzlichen Halt.*

Putenstreifen in scharfer Erdnusskruste

Tsirepulver stammt aus Westafrika. Dort werden mit dieser scharfen Mischung aus Erdnüssen und Gewürzen Lammhackröllchen vor dem Grillen paniert.

ZUBEREITUNGSZEIT: CA. 45 MIN.
MARINIERZEIT: CA. 15 MIN.
PRO PORTION: CA. 330 KCAL
FÜR 4 PERSONEN

FÜR DIE PUTENSTREIFEN

400 g Putenfilet
Saft von 1 Zitrone
Salz | 3 EL Öl

FÜR DAS TSIREPULVER

100 g gesalzene Erdnüsse
1 TL dunkelbrauner Zucker
1/2 TL Chilipulver
1/2 TL gem. Piment
1/2 TL Zimtpulver
1/2 TL Ingwerpulver
1/4 TL gem. Gewürznelken
Muskatnuss

1 Putenfilet in 12 Streifen schneiden. Einzelne Streifen zwischen 2 Stück Klarsichtfolie legen und mit dem Handballen flach klopfen, bis die Streifen etwa 1 cm dick sind. Fleischstreifen mit Zitronensaft einreiben, leicht salzen. Etwa 15 Min. marinieren. Backofengrill auf 200 °C vorheizen. Die Erdnüsse mittelfein mahlen. Mit Zucker und den gemahlenen Gewürzen mischen. Muskatnuss frisch dazureiben.

2 Fleischstreifen trockentupfen. Öl in einen Suppenteller geben. Tsirepulver in einen anderen Suppenteller geben. Fleischstreifen von beiden Seiten durch das Öl ziehen, überschüssiges Öl abstreifen. Anschließend in das Tsirepulver drücken, so dass auf beiden Seiten eine dicke Kruste entsteht. Panierte Fleischstreifen von beiden Seiten etwa 3 Min. grillen.

TIPP Dazu passt die Mango-Limetten-Sauce (Seite 179) oder ein Dip aus einem milden Mangochutney, das mit Joghurt oder etwas Orangensaft glatt gemixt wird.

WÜRZVARIANTEN
Erdnüsse mit Zucker, Chili und 2–3 TL Currypulver mischen oder mit Berbere (Seite 70), dann aber Chili weglassen.

Wird das Fleisch vor dem Panieren plattiert, ist es in nur wenigen Minuten gar.

Tsirepulver ist eine Mischung aus nussigen, scharfen und warmen Aromen.

Das milde Putenfleisch bekommt mit der Erdnusspanade eine würzige Umhüllung.

Safranzwiebeln mit Ahornsirup und Limetten

Eine feine Beilage zu Couscous, Fleisch und Fisch. Köstlich als Vorspeise mit einem gut gekühlten Sherry!

ZUBEREITUNGSZEIT: CA. 1 STD.
MARINIERZEIT: 8–12 STD.
PRO PORTION: CA. 305 KCAL
FÜR 4 PERSONEN

2 Limetten
1/2 TL Safranfäden
1 TL Zucker
700 g kleine runde Zwiebeln
3 EL Olivenöl
4 EL Ahornsirup
250 ml Hühnerbrühe
1 Lorbeerblatt
1 TL Salz

1 Limetten auspressen. Safranfäden mit dem Zucker im Mörser fein zerreiben. Mit 1 EL Limettensaft mischen und ziehen lassen. Zwiebeln schälen, dabei jedoch den Wurzelansatz daran belassen.

2 Zwiebeln zusammen mit dem Öl in einen Topf geben, bei mittlerer Hitze 10 Min. unter häufigen Wenden langsam anschmoren, bis sie von allen Seiten goldgelb sind. Ahornsirup dazugeben. Die Hitze erhöhen, 3–4 Min. unter ständigem Rühren schmoren, wobei der Ahornsirup einkocht und karamellisiert.

3 Mit heißer Hühnerbrühe ablöschen. 3 EL Limettensaft, 1 Lorbeerblatt und 1 TL Salz zugeben. Deckel schließen, Hitze reduzieren, leicht köcheln lassen. Nach 10 Min. die Safranmischung zugeben. Weitere 15 Min. köcheln, bis die Zwiebeln weich sind. Im Sud erkalten lassen. Mehrere Stunden, am besten über Nacht, abgedeckt ziehen lassen, damit sich die Aromen gut mischen.

Avocados schmecken pur mit Salz und Pfeffer, in einem süßen Fruchtsalat, mit einer würzigen Vinaigrette oder wie hier in vier verschiedenen Dip-Variationen: knackig frisch, cremig nussig, wasabischarf oder klassisch mexikanisch.

Avocadodip besonders einfach und vier Mal anders

ZUBEREITUNGSZEIT: CA. 10 MIN.
KÜHLZEIT: CA. 1 STD.
FÜR 4 PERSONEN

BASISREZEPT

2 reife Avocados
Zitronen- oder Limettensaft zum Beträufeln

Avocados halbieren, entkernen und das Fruchtfleisch mit einem Löffel aus der Schale heben. Mit einer Gabel zermusen, sofort mit Zitronen- oder Limettensaft beträufeln. Eventuell Fasern entfernen, oder das Fruchtfleisch durch ein Sieb streichen. Das Avocadomus auf keinen Fall mit dem Mixer pürieren, denn dann wird es zu klebrig. Mit den weiteren Zutaten mischen, mit Folie abdecken und für 1 Std. kalt stellen.

1. GESCHMACKSERLEBNIS: PISTAZIEN

Avocadomus mit 2 EL Zitronensaft und 100 ml Crème fraîche mischen. 1 Knoblauchzehe dazupressen. Mit Salz und Pfeffer abschmecken. 50 g gesalzene Pistazienkerne hacken, 1 TL getrocknete Minze fein zerreiben, beides mischen. 1 EL der Mischung zum Darüberstreuen übrig lassen, den Rest untermischen. (Oder Pistacchio-Lemon-Sprinkle, Rezept Seite 37, nehmen.)

2. GESCHMACKSERLEBNIS: SESAM

1 rote Chilischote ohne die Samen sehr fein hacken. 1/4 Bund glatte Petersilie fein hacken. Das Avocadomus sofort mit 1 EL Limettensaft beträufeln. 3 EL Tahini mit 2 EL Limettensaft glatt rühren und untermischen. 1–2 Knoblauchzehen dazupressen. Mit Salz, Pfeffer und 1 TL gem. Cumin abschmecken, mit Chili und gehackter Petersilie bestreuen.

3. GESCHMACKSERLEBNIS: KORIANDER

1 Zwiebel und 2 Knoblauchzehen fein hacken. 1 Fleischtomate häuten, entkernen und fein hacken. 1 grüne Chilischote ohne die Samen fein hacken. 1/2 Bund Koriandergrün hacken. Avocadomus sofort mit 2–3 EL Zitronensaft mischen. Die anderen Zutaten unterheben. Mit Salz, Pfeffer und Tabasco kräftig abschmecken.

4. GESCHMACKSERLEBNIS: WASABI

4 EL Zitronensaft, 1–2 EL Apfeldicksaft und 2 TL Wasabipaste (aus der Tube) verrühren. Das Avocadomus sofort mit dem Wasabi-Mix vermischen. 40 g in Sirup eingelegten Ingwer sehr fein würfeln und untermengen. Den Avocadodip mit Salz und Pfeffer abschmecken. Mit Schnittlauchstängeln dekorieren.

Dip aus gebackenen Zwiebeln

Die milde Süße der gebackenen Zwiebeln wird durch den Honig noch gesteigert. Sherryessig und weißer Pfeffer sorgen für feine Säure und aromatische Schärfe. Passt zu gegrilltem Schweinefleisch und kaltem Aufschnitt.

ZUBEREITUNGSZEIT: CA. 35 MIN.
BACKZEIT: 30–60 MIN. | RUHEZEIT: CA. 1 STD.
PRO PORTION: CA. 175 KCAL | FÜR 4 PERSONEN

500 g Zwiebeln | 2 EL Sherryessig | Salz
2–3 TL heller, klarer Honig (z. B. Akazienhonig) | Zimtpulver
weißer Pfeffer aus der Mühle | 4 EL Olivenöl | 2 EL Pinienkerne

1 Zwiebeln auf ein mit Backpapier ausgelegtes Blech legen, bei 170 °C Umluft (190 °C Ober-/Unterhitze) in 30–60 Min. weich backen. Abkühlen lassen, schälen, im Mixer glatt pürieren.

2 Zwiebelpüree mit Essig, Salz, Honig, 1 guten Prise Zimt und reichlich weißem Pfeffer pikant abschmecken. Das Öl nach und nach unterschlagen. Den Dip für etwa 1 Std. kalt stellen. Pinienkerne in einer Pfanne ohne Fett rösten, über den Dip streuen.

Honig-Senf-Creme

Eine wunderbar cremige Sauce, bei der Honig und Senf in einem herrlich süßscharfen Gegensatz stehen und Safran mit seinem einmaligen Aroma das Ganze abrundet. Besonders gut zu kaltem Fleisch.

ZUBEREITUNGSZEIT: CA. 25 MIN.
PRO PORTION: CA. 145 KCAL | FÜR 4 PERSONEN

3 Eier | 1/2 TL Safranfäden | 1/2 TL grobes Salz
2 TL Zitronensaft | 75 ml Dijon-Senf
75 ml Akazienhonig

1 Die Eier in 10 Min. hart kochen. Inzwischen die Safranfäden mit Salz im Mörser fein verreiben. Mit dem Zitronensaft mischen und etwas ziehen lassen. Eier abschrecken, pellen. Das Eiweiß für andere Verwendung beiseite stellen.

2 Senf und Honig gut mischen. Die Eigelbe durch ein Sieb streichen und unterrühren. Die Safranmischung zugeben und alles gut mischen.

Fetadip mit getrockneten Tomaten

Ein Dip, mit dem auch mitten im Winter mediterrane Sommerstimmung aufkommt! Passt zu Fladenbrot, rohen Gemüsesticks und eignet sich auch als Füllung für Kirschtomaten.

ZUBEREITUNGSZEIT: CA. 25 MIN. | MARINIERZEIT: 2–3 STD.
PRO PORTION: CA. 310 KCAL | FÜR 4 PERSONEN

50 g sonnengetrocknete Tomaten
1–2 Knoblauchzehen | 1 Bund Basilikum
150 g Feta | 200 g Crème fraîche
schwarzer Pfeffer aus der Mühle

1 Die getrockneten Tomaten etwa 10 Min. in warmem Wasser einweichen. Tomaten trockentupfen und sehr fein hacken. Den Knoblauch schälen. Basilikum waschen, trockenschütteln, die Blätter abzupfen. Einige ganz lassen und beiseite legen, die übrigen fein hacken. Es sollten gut 2 EL voll sein.

2 Feta und Crème fraîche mischen; wenn der Käse sehr fest ist, mit dem Mixstab arbeiten. Knoblauch dazupressen. Kräftig pfeffern. Tomaten und Basilikum unterheben. Mit einzelnen Blättchen dekorieren. 2–3 Std. kalt stellen, damit sich die Aromen gut verbinden können.

Tunfischdip

Ein besonders vielseitiger Dip: Er schmeckt zu Kalb (»Vitello tonnato«) und Geflügel, man kann Tomaten und kleine Quiches damit füllen oder einen Nudel-Gemüse-Salat damit anmachen.

ZUBEREITUNGSZEIT: CA. 30 MIN.
PRO PORTION: CA. 225 KCAL | FÜR 4 PERSONEN

2 Eier | 4 Sardellenfilets in Salz eingelegt
2 Dosen Tunfisch naturel (à 150 g Abtropfgewicht)
3 EL Kapern, abgetropft | 100 g Crème fraîche
schwarzer Pfeffer aus der Mühle | Saft von 1 Zitrone

1 Eier in 10 Min. hart kochen, kalt abschrecken, pellen, Eigelb und Eiweiß trennen. Sardellen für 5 Min. wässern, trockentupfen und grob hacken.

2 Tunfisch etwas zerpflücken, zusammen mit 2 EL Kapern, den Sardellen und der Crème fraîche in den Mixer geben und kurz pürieren. Eigelbe durch ein Sieb streichen und untermischen.

3 Den Dip mit Pfeffer und 3–4 TL Zitronensaft abschmecken. Die Eiweiße hacken und zusammen mit den restlichen Kapern über den Tunfischdip streuen.

*Für **neue Geschmackserlebnisse** lassen sich diese Dips ganz leicht abwandeln: Den Zwiebeldip (unten links) mit **Piment** oder Muskatnuss würzen. Den Tunfischdip (unten rechts) mit **geräucherten Forellenfilets** abwandeln, und den Schafkäse im Fetadip (oben rechts) durch milden **Ziegenfrischkäse** ersetzen.*

Hoummous

Ein Klassiker, der **stilecht** mit warmem Fladenbrot oder mit rohen **Gemüsesticks** aufgedippt wird. Man kann damit aber auch **Teigfladen** bestreichen, darauf Salat aus fein gehobeltem Weißkohl, schmalen Paprika- und Zwiebelstreifen häufen, das Ganze mit Sumach bestreuen und **aufrollen.**

ZUBEREITUNGSZEIT: CA. 20 MIN.
EINWEICHZEIT: 8–12 STD.
GARZEIT: CA. 1 STD. 30 MIN.
PRO PORTION: CA. 315 KCAL
FÜR 4 PERSONEN

200 g getr. Kichererbsen
2–3 EL Zitronensaft
3 EL Tahini
4 EL Olivenöl
3–4 Knoblauchzehen
2 TL Salz
1/4 – 1/2 TL Cayennepfeffer
1/2 Bund glatte Petersilie
2 EL Pinienkerne
1/4 – 1/2 TL Paprikapulver

1 Kichererbsen waschen, mit kaltem Wasser bedecken, über Nacht einweichen. Wasser abgießen, eventuell gelöste Häutchen von den Kichererbsen abrubbeln und entfernen. Kichererbsen mit frischem Wasser bedecken und zum Kochen bringen. Auf kleiner Flamme in etwa 1 1/2 Std. weich kochen. Abgießen, Kochflüssigkeit aufheben.

2 Die Kichererbsen mit Zitronensaft, Tahini und 3 EL Olivenöl im Mixer fein pürieren, eventuell etwas Kochflüssigkeit zugeben, so dass man ein glatte, dickliche Creme erhält. Knoblauchzehen schälen und dazupressen. Mit Salz und Cayennepfeffer abschmecken.

3 Petersilie waschen, trockenschütteln, die Blättchen abzupfen und hacken. Pinienkerne in einer Pfanne ohne Fett goldgelb rösten. Etwas Olivenöl über den Hoummous träufeln, das Püree mit Paprikapulver bestauben, Petersilie darüber streuen und zuletzt die Pinienkerne.

TIPPS Wem Tahini zu herb schmeckt, kann es gut durch Mandelmus oder Cashewmus (Reformhaus) ersetzen. Wer den Hoummous etwas leichter und frischer mag, kann 3–4 EL festen Joghurt unterrühren.

WÜRZVARIANTE MIT CUMIN
Statt mit Paprikapulver und Cayennepfeffer den Hoummous mit 2 TL gemahlenem Cumin würzen. Zusätzlich 1 EL Cuminsamen in einer Pfanne ohne Fett rösten, bis sie duften, und mit dem Olivenöl über den fertigen Hoummous geben. Mit Korianderblättchen dekorieren.

Nach dem Einweichen der Kichererbsen lassen sich die Häutchen leicht entfernen.

Sollte das Kichererbsenpüree zu fest sein, noch etwas Garwasser unterarbeiten.

Im cremigen Hoummous vereinen sich süße, saure, herbe und scharfe Aromen.

Paprika-Walnuss-Paste

In diesem Dip treffen alle **Geschmacksempfindungen** zusammen und bilden eine köstliche Einheit: süße Paprika, herbe Walnüsse, saurer Granatapfelsirup, Salz und scharfer Knoblauch – bei meinen Gästen der **absolute Favorit!**

ZUBEREITUNGSZEIT: CA. 1 STD.
RUHEZEIT: 3–4 STD.
PRO PORTION: CA. 340 KCAL
FÜR 4 PERSONEN

3–4 rote Paprika (800 g)
1 Stück trockenes Ciabatta- oder Fladenbrot (der Menge eines Brötchens entsprechend)
2 Knoblauchzehen
1 kleine frische rote Chilischote
100 g Walnusskerne
1–2 TL Salz | 1 EL Limettensaft
3 EL ungesüßter Granatapfelsirup
4 EL Olivenöl

1 Ofen auf 200 °C Umluft mit zugeschalteter Grillfunktion vorheizen. Paprikaschoten halbieren, putzen. Mit der Schnittfläche nach unten auf ein Backblech mit Backpapier legen, etwas flach drücken, 15–20 Min. grillen, bis die Haut dunkel ist und Blasen bildet. Paprika aus dem Ofen nehmen, mit einem feuchten Tuch bedecken, 10 Min. abkühlen lassen. Dann lässt sich die Haut problemlos abziehen. Das Brot reiben, Knoblauch schälen, von der Chili die Samen entfernen, Schote fein hacken.

2 Einige Walnusshälften beiseite stellen. Restliche Nüsse mit geriebenem Brot, Salz, Limettensaft, Granatapfelsirup, Knoblauch und Chili im Mixer pürieren. Die gehäuteten Paprika zugeben. Während des Mixens langsam das Öl zugießen, bis eine sämige Paste entsteht. Mehrere Stunden kalt stellen, damit sich die Aromen verbinden. Mit Walnusshälften garnieren, mit etwas Öl beträufeln. Dazu Fladenbrot reichen.

Mit Saucen, Gewürzen, Kräutern, Käse und Nüssen kann man sie immer wieder neu variieren als **vegetarisches Hauptgericht** oder üppigen Eintopf mit Fleisch, als edle Vorspeise oder raffinierte Beilage: **Nudeln, Reis** und Couscous sind echte **Verwandlungskünstler!**

NUDELN & REIS

Nudeln mit Knoblauch-Knuspersauce

Mit diesen köstlichen Nudeln kann man richtig **Eindruck** machen, dabei sind sie **ganz schnell** und einfach zubereitet.

1 Nudeln in gesalzenem Wasser nach Packungsangabe bissfest garen. Brot im Blitzhacker zu Bröseln verarbeiten. Knoblauch schälen. Beide Sorten Pfeffer im Mörser zerstoßen. Petersilie waschen, trockenschütteln, die Blättchen abzupfen und hacken; es sollten 3–4 EL sein.

2 Olivenöl auf mittlerer Stufe erhitzen. Brösel hineinrühren, Knoblauch dazupressen. Etwa 3 Min. unter Rühren knusprig braten. Zwei Drittel der Pfeffermischung zugeben und mit Pfeffer aus der Mühle abschmecken. Petersilie und Parmesan unterrühren, über die Nudeln geben. Restliche Pfeffermischung darüber streuen und sofort servieren.

ZUBEREITUNGSZEIT: CA. 30 MIN.
PRO PORTION: CA. 570 KCAL
FÜR 4 PERSONEN

400 g Nudeln (z. B. Farfalle) | Salz
4–5 Scheiben trockenes Vollkorn-Toastbrot
3 Knoblauchzehen
1–2 TL getr. grüne Pfefferkörner
1–2 TL rosa Pfefferbeeren (Schinus)
1 großes Bund glatte Petersilie
3 EL Olivenöl
schwarzer Pfeffer aus der Mühle
80 g Parmesan, frisch gerieben

WÜRZVARIANTEN

1. Mit Salbei: Anstelle der Petersilie: Die Blätter eines großen Bundes Salbei klein hacken und mit dem Knoblauch anbraten, bis der Salbei knusprig ist. Sofort mit Parmesan und Nudeln mischen und servieren. Einzelne Blättchen Salbei in einer kleinen Pfanne in Butter knusprig braten und über die Nudeln verteilen.

2. Mit Kapern: 2 EL feine Kapern abspülen und trockentupfen. In einer kleinen Pfanne 20 g Butter aufschäumen, die Kapern darin knusprig braten und zum Schluss oben auf die fertigen Nudeln geben.

3. Mit Tomaten & schwarzen Oliven: Die Hälfte der Petersilie durch Basilikum ersetzen. Zusätzlich die Nadeln von 2 kleinen Rosmarinstängeln fein hacken und zusammen mit je 60 g getrockneten Tomaten und schwarzen Oliven, beides fein gewürfelt, mit den Bröseln anbraten.

Diese Pesti haben eine relativ feste Konsistenz. Man kann sie mit mehr Öl, Sahne oder Brühe ergänzen. Reste in ein gut schließendes Glas füllen und mit etwas Olivenöl bedecken.

Grundrezept Pesto

ZUBEREITUNGSZEIT: CA. 40 MIN.
FÜR 2–3 PERSONEN

1–2 Bund Basilikum
40 g Pinienkerne
1 Knoblauchzehe
3 EL Olivenöl
30 g Parmesan, frisch gerieben
Pfeffer aus der Mühle | Salz

Basilikum waschen, trockenschütteln, Blättchen abzupfen und 30 g abwiegen. Ein paar Blättchen beiseite legen. Die Pinienkerne in einer Pfanne ohne Fett goldgelb rösten. Knoblauchzehe schälen und grob hacken. Das Basilikum, den größten Teil der Pinienkerne und den Knoblauch im Mixer nicht zu fein pürieren. Olivenöl tropfenweise zugeben, bis sich alles gut gemischt hat. Parmesan unterheben, mit Pfeffer und Salz abschmecken, mit den zurückbehaltenen Basilikumblättchen und Pinienkernen dekorieren.

WÜRZVARIANTE MIT PISTAZIEN
Pinienkerne durch Pistazienkerne ersetzen. Schmeckt etwas würziger, passt zu Vollkornnudeln und gebackenem Gemüse.

1. GESCHMACKSERLEBNIS: KORIANDER & WALNUSS

Von 1–2 Bund Koriandergrün die Blättchen abzupfen, 30 g abwiegen. 40 g Walnusskerne grob hacken. 1 Knoblauchzehe grob hacken. Koriander, Knoblauch und 1 TL Limettensaft im Mixer nicht zu fein pürieren. 3 EL Olivenöl tropfenweise zugeben, bis sich alles gut gemischt hat. 30 g geriebenen Parmesan unterheben, mit Salz, Pfeffer und Limettensaft abschmecken.

2. GESCHMACKSERLEBNIS: PETERSILIE & ZITRONE

40 g Pinienkerne goldgelb rösten. 1 Knoblauchzehe grob hacken. Beides zusammen mit 30 g Petersilienblättchen im Mixer nicht zu fein pürieren, 3 EL Olivenöl tropfenweise unterrühren. Von 1 unbehandelten Zitrone die Schale dünn abziehen, fein hacken und mit 30 g geriebenem Parmesan untermischen. 1–2 TL Zitronensaft auspressen, das Pesto damit abschmecken.

3. GESCHMACKSERLEBNIS: PETERSILIE & OLIVEN

Von 1–2 Bund glatter Petersilie die Blättchen abzupfen, 30 g abwiegen. 1 Knoblauchzehe grob hacken. 20 g schwarze Oliven ohne Stein grob hacken. 50 g gehäutete Mandeln, 1 1/2 TL fein gehackte Orangenschalen, Knoblauch, Oliven und Petersilie im Mixer nicht zu fein pürieren. 3 EL Olivenöl tropfenweise zugeben, bis sich alles gut gemischt hat. Mit Salz und Pfeffer abschmecken.

4. GESCHMACKSERLEBNIS: HASELNUSS & TOMATE

30 g Haselnusskerne trocken rösten, die dünne braune Haut mit einem Küchentuch abrubbeln. 20 g sonnengetrocknete Tomaten sehr klein würfeln. Je 10 g Basilikum- und Petersilienblättchen (glatte Petersilie) abwiegen. Alles nicht zu fein pürieren. 3 EL Olivenöl tropfenweise zugeben, bis sich alles gut gemischt hat. Das Pesto mit Salz und Pfeffer abschmecken.

Nudeln mit Hähnchenleberragout

Madeira und Aceto balsamico runden dieses **feine Ragout** süß-aromatisch und dabei **feinsäuerlich** ab.

ZUBEREITUNGSZEIT: CA. 35 MIN.
PRO PORTION: CA. 780 KCAL
FÜR 4 PERSONEN

400 g Nudeln (z. B. Spaghettini)
Salz
1 Bund Thymian
60 g Butter
500 g frische Hähnchenlebern
350 ml Madeira
2 EL Aceto balsamico
2 EL Akazienhonig
2 EL Tomatenmark
1 TL Koriander oder Orangen-Koriander (Seite 47) aus der Mühle
schwarzer Pfeffer aus der Mühle
geriebene Muskatnuss

1 Spaghettini nach Packungsangabe bissfest garen. Thymian abbrausen, trockenschütteln, die Blättchen abzupfen. 30 g Butter in Flöckchen mit dem Thymian unter die fertigen Nudeln mischen.

2 Die Hähnchenlebern in einem Sieb unter fließendem kalten Wasser 5 Min. wässern. Abtropfen, trockentupfen und von Fett und Sehnen befreien. Lebern in 30 g Butter von jeder Seite in 1/2 Min. bis knapp 1 Min. goldbraun braten. Sofort aus der Pfanne nehmen.

3 Bratsatz mit Madeira ablöschen. Balsamico, Honig und Tomatenmark einrühren, auf die Hälfte einkochen. Mit Koriander, Salz, Pfeffer und Muskatnuss abschmecken. Lebern in die Sauce geben und darin in etwa 1 Min. fertig garen. Sofort mit den Nudeln servieren.

TIPP Besonders edel wird dieses Essen, wenn man Kalbsleber statt Hähnchenleber nimmt. Dazu passt Polenta (Seite 130).

WÜRZVARIANTEN
1. Mit Sherry & Ahornsirup: Madeira durch Sherry medium ersetzen, Aceto balsamico durch Sherryessig und Honig durch Ahornsirup. 2 EL fein gehackten Salbei in Butter kurz anbraten und unter die Nudeln mischen.
2. Mit Weißwein & Senf: 1 Zwiebel schälen und fein würfeln, im Bratsatz glasig schmoren. Statt mit Madeira mit 150 ml Weißwein ablöschen. 2 EL scharfen Senf und 200 g Sahne einrühren und um ein Drittel einkochen lassen. Mit Salz, Pfeffer und nach Belieben etwas Weißweinessig abschmecken.

Am Geld wird gespart, am **Geschmack** *ganz und gar nicht: Nudeln mit Hähnchenleberragout sind preiswert und ein Fest für den Gaumen – auch wenn man sie mit* **tiefgekühlten Hähnchenlebern** *zubereitet. Diese am besten über Nacht im Kühlschrank auftauen lassen, dann bleiben sie schön zart.*

Makkaroni mit Tomaten-Fischragout

Rotwein und Chili sorgen dafür, dass diese Tomatensauce einmal ganz anders schmeckt.

ZUBEREITUNGSZEIT: CA. 1 STD.
PRO PORTION: CA. 735 KCAL
FÜR 4 PERSONEN

3 große Fleischtomaten (600 g)
4 Knoblauchzehen | 2 rote Chilischoten
1 unbehandelte Zitrone
500 g weißes festes Fischfilet
250 g rohe Garnelenschwänze, geschält und entdarmt
Salz | 3 EL Olivenöl
1 TL Delikatesspaprika
300 ml Fischfond | 300 ml Rotwein
1 Bund glatte Petersilie
400 g Nudeln, z. B. kleine Makkaroni
4 TL brauner Zucker
2–3 EL Tomatenmark
schwarzer Pfeffer aus der Mühle

1 Tomaten überbrühen, häuten und entkernen. Das Fruchtfleisch klein würfeln. Knoblauch schälen und fein hacken. Chilischoten längs halbieren, die Trennwände und Samen entfernen, das Fruchtfleisch fein hacken. Zitrone heiß waschen, die Schale mit dem Zestenreißer abziehen und fein hacken, 2 EL Saft auspressen. Fischfilet und Garnelen abspülen und trockentupfen, das Filet in 3 cm große Würfel schneiden, mit etwas Zitronensaft beträufeln und leicht salzen.

2 2 EL Öl erhitzen, Knoblauch, Chili, Zitronenzesten und Paprikapulver darin anschmoren. Mit Fischfond und Rotwein ablöschen, etwa 10 Min. köcheln lassen. Tomatenwürfel zufügen und weitere 5 Min. köcheln. Inzwischen die Petersilie waschen und trockenschütteln, die Blättchen abzupfen und hacken. Die Nudeln in kochendem Salzwasser nach Packungsangabe bissfest garen. Mit der Hälfte der Petersilie und 1 EL Olivenöl mischen.

3 Den eingekochten Rotweinfond mit Zucker und Tomatenmark verrühren, mit Pfeffer und Salz abschmecken. Die Fischwürfel und Garnelen in den heißen Fond einlegen und in etwa 3 Min. gar ziehen lassen. Mit restlicher Petersilie bestreuen und sofort mit den Nudeln servieren.

WÜRZVARIANTE MIT ZIMT & ORANGE

Die Zitrone durch 1 unbehandelte Orange ersetzen. Die gehackte Schale mit anbraten, das Fischfilet mit etwas Saft marinieren. Restlichen Saft mit Brühe und Rotwein mischen. Zum Schluss mit je 1 kräftigen Prise Zimt und Cayennepfeffer und 1 TL getr. Orangenschalen (Seite 46) abschmecken.

Tomaten klein würfeln, sie sollen nahezu verkochen und die Sauce sämig machen.

Fischfond und Rotwein geben der Tomatensauce ein interessantes Basisaroma.

Fisch und Garnelen kommen erst zum Schluss in die Sauce, sie sind schnell gar.

Bandnudeln mit Garnelen in Limettensahne

Ein verlockendes Essen, das richtig was hermacht, aber ganz einfach herzustellen ist: Die Sauce kann man im Voraus zubereiten, die Garnelen erst hineingeben, wenn die Gäste schon am Tisch sitzen.

ZUBEREITUNGSZEIT: CA. 30 MIN.
PRO PORTION: CA. 800 KCAL
FÜR 4 PERSONEN

1 unbehandelte Limette
4 Kaffirlimettenblätter
400 g Sahne
400 ml Brühe
getr. grüne Pfefferkörner oder
Grüner Zitronenpfeffer (Seite 37)
Salz | 400 g feine Bandnudeln
500 g King Prawns (rohe Garnelenschwänze, geschält und entdarmt)

1 Limette heiß waschen, die Schale mit dem Zestenreißer abziehen, die Zesten beiseite stellen. 1 1/2 EL Limettensaft auspressen. Die Kaffirlimettenblätter mehrfach einschneiden, aber ganz lassen. Sahne und Brühe mit Limettensaft und Limettenblättern aufkochen und auf die Hälfte reduzieren. Die Sauce mit grünem Pfeffer oder Grünem Zitronenpfeffer aus der Mühle abschmecken, salzen.

2 Inzwischen die Bandnudeln nach Packungsangabe in kochendem Salzwasser bissfest garen. Die Garnelenschwänze kalt abspülen und etwa 3 Min. in der ganz leicht köchelnden Sauce ziehen lassen. Mit den Bandnudeln anrichten, mit Limettenzesten bestreuen.

VARIANTE MIT FRISCHEM TUNFISCH Den Tunfisch in Erdnussöl von jeder Seite 1/2–1 Min. braten, so dass er innen noch roh ist. In Scheiben schneiden und mit Limettensahne und Bandnudeln anrichten.

Woknudeln

Dreierlei Schärfe von Ingwer, Chili und Frühlingszwiebel wird aufgefangen von sanften Nudeln. Sherry und Sojasauce sorgen für Würze. Und die unterschiedlichen Konsistenzen von knackigem Gemüse, saftigem Fleisch und kernigen Nüssen machen das Gericht zu einem einzigen Vergnügen.

ZUBEREITUNGSZEIT: CA. 1 STD.
PRO PORTION: CA. 585 KCAL
FÜR 4 PERSONEN

200 g Mie-Nudeln (chin. Instant-Nudeln)
Salz
60 g Cashewkerne
2 Knoblauchzehen
1 Stück frischer Ingwer (30 g)
6 Frühlingszwiebeln
1–2 rote Chilischoten
200 g Möhren
1 Zucchino (150 g)
200 g Zuckerschoten
1 rote Paprikaschote
300 g Hähnchenbrustfilet
100 ml Sherry
1 EL brauner Zucker
4 EL Sojasauce
1–2 TL süßscharfe Chilisauce
5 EL Erdnussöl

1 Die Nudeln in kochendes Salzwasser schütten, vom Herd nehmen und je nach Packungsangabe 4–6 Min. darin ziehen lassen. Über ein Sieb abgießen, kalt abbrausen und abtropfen lassen.

2 Cashewkerne trocken rösten, hacken und beiseite stellen. Knoblauch und Ingwer schälen und sehr fein würfeln. Frühlingszwiebeln putzen, das Weiße fein hacken, das Grüne in Ringe schneiden. Chilischoten längs halbieren, die Trennwände und Samen entfernen, das Fruchtfleisch in schmale Streifen schneiden.

3 Möhren schälen und in 3 mm feine Stifte schneiden, bzw. hobeln. Zucchino waschen, putzen und in 3 mm feine Streifen hobeln. Zuckerschoten waschen, schräg in 1 cm breite Streifen schneiden. Paprika waschen, vierteln, Trennwände und Samen entfernen, quer in feine Streifen schneiden.

4 Hähnchenfilets trockentupfen, längs halbieren und in schmale Streifen schneiden. Sherry, Zucker, Soja- und Chilisauce mischen. 2 EL Erdnussöl im Wok erhitzen, Knoblauch, Ingwer, Chili und das Weiße der Frühlingszwiebeln 2 Min. anbraten. An den Rand schieben, das Fleisch zugeben und 2–3 Min. unter Rühren braten, bis es sich leicht bräunt. Aus dem Wok nehmen, salzen und pfeffern, warm halten.

5 2 EL Erdnussöl erhitzen, Möhren, Zuckerschoten und Paprika 3 Min. unter Rühren braten, Zucchini zugeben, noch 1 Min. braten. Aus dem Wok nehmen. Leicht salzen. Das restliche Öl erhitzen, die Nudeln darin anbraten. Sherrymischung angießen. Gemüse und Fleisch zugeben, alles unter Rühren erwärmen. Mit Chili- und Sojasauce nach Belieben abschmecken, mit Cashewkernen bestreuen und sofort servieren.

WÜRZVARIANTE MIT KRABBEN & SESAM
Das Hähnchenfleisch durch rohe Krabben ersetzen, statt der Sherrymischung je 2 EL Limettensaft, Sojasauce und Fischsauce mit 1 EL braunem Zucker verrühren, und das fertige Gericht mit 2 TL dunklem Sesamöl würzen und mit 50 g trocken geröstetem Sesam bestreuen.

Fastfood auf asiatische Art – *alles flott nacheinander im Wok gewirbelt. Wichtig dabei: Die unterschiedlich langen Garzeiten beachten, damit das* Gemüse knackig *bleibt und das Fleisch nicht trocken wird.*

Mit Gewürzen, **Kräutern,** Nüssen und würzenden Flüssigkeiten kann man **Reis** immer wieder neu variieren und jedem Hauptgericht anpassen. Experimentieren Sie nach Lust und **Laune!**

Reis besonders einfach und vier Mal anders

ZUBEREITUNGSZEIT: CA. 40 MIN.
FÜR 4 PERSONEN

1–2 Schalotten (60 g)
1–2 Knoblauchzehen nach Belieben
1 EL Öl
1 Tasse (250 ml) Basmatireis
(oder Basmati-Naturreis)
500 ml Flüssigkeit je nach Rezept
Salz nach Geschmack

Schalotten – und eventuell den Knoblauch – schälen und fein hacken. Im Öl in 2–3 Min. glasig schmoren. Reis zugeben, unter Rühren anbraten, bis er transparent wird. Mit heißer Flüssigkeit ablöschen. Kurz aufkochen lassen. Temperatur zurücknehmen. Zugedeckt je nach Reissorte in 12–18 Min. ausquellen lassen. Den Topf vom Herd nehmen, Reis unter einem sauberen Tuch etwa 5 Min. ausdampfen lassen, nach Bedarf salzen.

1. GESCHMACKSERLEBNIS: **ERDNUSS**

3 EL gesalzene Erdnusskerne hacken, mit 1/2 TL braunem Zucker, je 1/4 TL gem. Piment, Zimt und Ingwer, etwas geriebener Muskatnuss und Cayennepfeffer mischen. Den Reis in 500 ml Hühnerbrühe, verrührt mit 3 EL Erdnusscreme, garen. 2 EL Nussmischung einrühren, den Rest auf den fertigen Reis streuen. Mit Petersilie garnieren. Dazu passt gegrilltes/gebratenes Geflügel und süßscharfe Chilisauce.

2. GESCHMACKSERLEBNIS: **TOMATE**

250 ml Hühnerbrühe mit 250 ml Tomatensaft mischen, aufkochen, Reis damit ablöschen. 1 TL getr. Kräuter der Provence, 1 TL edelsüßes Paprikapulver und 1/4 – 1/2 TL Cayennepfeffer untermischen (oder mit Cajun-Gewürz bzw. Berbere, beides Seite 70, würzen). Den fertigen Reis mit frischen Thymianblättchen dekorieren. Dazu passt gegrillter Fisch und Chimichurri (Seite 27).

3. GESCHMACKSERLEBNIS: **APRIKOSE**

Reis mit einer Mischung aus je 250 ml Hühnerbrühe und Orangensaft ablöschen. 1 Prise Safran mit etwas Salz zerreiben, mit je 1/2 TL gem. Pfeffer, Cumin und Kurkuma sowie 1/4 TL Kardamom zugeben. 5 Min. vor Ende der Garzeit 80 g fein gewürfelte getr. Aprikosen einrühren. Den Reis mit gerösteten Pinienkernen garnieren. Dazu passen Schweinefilet und die Mandelsauce von Seite 179.

4. GESCHMACKSERLEBNIS: **KOKOS**

Je 250 ml Hühnerbrühe und Kokosmilch mischen, aufkochen, den Reis damit ablöschen. Je 1 TL gem. Koriander und Kurkuma sowie je 1/2 TL Knoblauch- und Cuminpulver und 1 Msp. Cayennepfeffer unterrühren. 4–5 EL Kokosraspel leicht rösten, über den fertigen Reis streuen. Schneller geht es mit Karibischer Currymischung (Seite 72). Dazu passen Fisch-, Gemüse- oder Geflügelcurrys.

Angeblich ist es schwierig, ein Risotto zuzubereiten – dabei ist alles nur eine Frage des Timings *und der* Kontinuität: *Erst anfangen, wenn die Gäste schon da sind, denn ein Risotto schmeckt nur frisch zubereitet richtig gut. Und dann darf man sich während des* Rührens *wirklich von nichts ablenken lassen.*

Safranrisotto

So zeigt sich Reis von seiner feinsten Seite: klassisch »alla milanese« mit kostbarem Safran. Für dieses edle Gericht sollte weder am Wein, noch an der Brühe gespart werden. Am besten verwendet man einen selbst gekochten Hühnerfond.

ZUBEREITUNGSZEIT: CA. 40 MIN.
PRO PORTION: CA. 915 KCAL
FÜR 4 PERSONEN

2 kleine Zwiebeln (150 g)
80 g Butter
600–700 ml kräftige Hühnerbrühe
1 TL Safranfäden | Salz
300 g Risottoreis
300 ml Weißwein (z. B. Chardonnay)
120 g Parmesan, frisch gerieben
schwarzer Pfeffer aus der Mühle
Petersilie nach Belieben

1 Die Zwiebeln schälen und sehr fein würfeln. Die Hälfte der Butter in einem Topf aufschäumen, die Zwiebelwürfel darin 2–3 Min. glasig anschmoren, ohne dass sie Farbe annehmen. In einem zweiten Topf die Brühe zum Kochen bringen. Den Safran im Mörser mit etwas Salz zerreiben und in 3 EL Brühe ziehen lassen.

2 Den Reis zu den Zwiebeln geben und rühren, bis er glasig wird. Mit dem Weißwein ablöschen. Unter regelmäßigem Rühren kochen, bis der Wein vollkommen aufgesogen ist.

3 Mit einer kleinen Kelle (50 ml) immer wieder etwas kochend heiße Brühe zum Reis geben und rühren, bis die Flüssigkeit verdampft ist. Erst dann die nächste Portion Brühe zugeben. Safran mit der letzten Portion Brühe zum Reis geben.

4 Nach etwa 20 Min. sollte der Reis fertig sein: weich, aber mit einem leicht festen Kern. Die restliche Butter und die Hälfte des Parmesans unterrühren. Kräftig pfeffern. Mit dem restlichen Parmesan servieren. Mit Petersilienblättchen bestreuen.

WÜRZVARIANTE MIT KAPERN & OLIVEN
100 g schwarze Oliven vom Kern schneiden und hacken. 4 große reife Tomaten überbrühen, häuten, entkernen und klein würfeln. Die Schale von 1 unbehandelten Zitrone mit dem Zestenreißer abziehen und fein hacken. 2 EL kleine Kapern abspülen und abtropfen lassen. 1 rote Chilischote längs halbieren, die Trennwände und Samen entfernen, das Fruchtfleisch fein hacken. 1/2 TL getr. Oregano zwischen den Fingern fein verreiben. 3 Knoblauchzehen würfeln und mit den Zwiebeln in 3 EL Olivenöl anschmoren. Wenn das Risotto fast fertig ist, alle vorbereiteten Zutaten und 3 EL Olivenöl untermischen. Mit Salz und Pfeffer abschmecken. Parmesan separat servieren.

Lammpilaw mit Möhren und Korinthen

Granatapfelsirup, Korinthen, Mandeln und Limettenschale machen aus diesem Reisgericht ein orientalisches Erlebnis.

ZUBEREITUNGSZEIT: CA. 1 STD. 15 MIN.
PRO PORTION: CA. 850 KCAL
FÜR 4 PERSONEN

500 g Lammfleisch aus der Keule (ohne Knochen) | 4 EL Olivenöl | Salz
schwarzer Pfeffer aus der Mühle | 900 ml kräftige Fleischbrühe
5 EL ungesüßter Granatapfelsirup | 1 EL brauner Zucker | 1 TL gem. Kardamom
1 TL Zimtpulver | 100 g Korinthen | 300 g Zwiebeln | 3 Knoblauchzehen
400 g Möhren | 250 g Basmatireis | 50 g Mandelblättchen | 1 Bund glatte Petersilie
1 unbehandelte Limette (nach Belieben) | 1/2 TL Cayennepfeffer

1 Fleisch von Fett und Sehnen befreien, in 1 1/2 cm große Würfel schneiden. Portionsweise in 2 EL Olivenöl scharf anbraten, salzen und pfeffern. Mit 200 ml Brühe ablöschen, mit Granatapfelsirup, Zucker, Kardamom und Zimt würzen. Die Korinthen abbrausen und mit dem Fleisch etwa 45 Min. abgedeckt sanft garen, bis das Fleisch weich ist.

2 Zwiebeln und Knoblauch schälen und fein hacken. Möhren schälen und in feine Stifte schneiden. Zwiebeln im restlichen Öl in 15 Min. goldbraun braten, Knoblauch dazupressen, noch 1 Min. schmoren. Den Reis zugeben, unter Rühren anschmoren, bis er glasig wird. Möhrenstifte zugeben, kurz anbraten, mit restlicher Brühe ablöschen. Abgedeckt bei geringer Hitze in 12–15 Min. ausquellen lassen.

3 Mandeln trocken goldbraun rösten. Petersilie waschen, trockenschütteln, die Blättchen hacken. Limette heiß waschen, die Schale fein abreiben. Den fertigen Reis mit dem Fleisch mischen. Mit Pfeffer, Salz, Cayennepfeffer, Kardamom und Zimt abschmecken. Petersilie und Limettenschale nach Geschmack untermischen, mit Mandeln bestreuen.

Scharfes Anbraten gibt aromatischen Röstgeschmack, und das Fleisch bleibt saftig.

Bevor die Flüssigkeit angegossen wird, die Möhren kurz unter Wenden anschwitzen.

WÜRZVARIANTE MIT HÄHNCHEN & GARAM MASALA

400 g Zwiebeln und 3 Knoblauchzehen schälen, fein hacken. 2–3 große rote Chilis längs halbieren, Trennwände und Samen entfernen, Fruchtfleisch fein würfeln. Zwiebeln in 40 g Butterschmalz 10 Min. schmoren, ohne dass sie Farbe annehmen. Knoblauch und Chilis 1 Min. mitschmoren. 250 g Basmatireis zugeben, unter Rühren glasig braten. Mit 700 ml heißer Hühnerbrühe (oder mit einer Mischung aus 400 ml Kokosmilch und 300 ml Brühe) ablöschen. Abgedeckt bei schwacher Hitze in 12–15 Min. ausquellen lassen. 80 g grob gehackte gehäutete Mandeln untermischen. Mit Salz, Pfeffer, Cayennepfeffer und 2–3 TL Garam Masala abschmecken. 500 g Hähnchenbrustfilet klein würfeln, in 2 EL Butterschmalz goldbraun braten. Salzen, pfeffern und mit etwas Garam Masala bestauben. Unter den Reis mischen.

Dieser Lammpilaw ist ideal für experimentierfreudige Köche: *Man kann beispielsweise die Möhren durch gewürfelte* Auberginen *ersetzen, die man in Olivenöl separat weich schmort und dann untermischt. Statt Petersilie passt dann* Koriandergrün *und statt Mandelblättchen 100 g grob gehackte* Walnusskerne.

Mit **variablen Zutaten** und Gewürzmischungen wird eine schlichte Beilage zur immer neuen exotischen **Überraschung.**

Couscous besonders einfach und vier Mal anders

ZUBEREITUNGSZEIT: CA. 15 MIN.
FÜR 4 PERSONEN

BASISREZEPT

1 Tasse (250 ml) Instant-Couscous
Salz nach Geschmack
250 ml kochend heiße Hühnerbrühe
Gewürze und weitere Zutaten je nach Rezept
20 g Butter

Den Couscous mit etwas Salz mischen und mit der heißen Brühe aufgießen. Zugedeckt 5–7 Min. quellen lassen. Mit einer Gabel etwas auflockern und die Butter dazugeben.

1. GESCHMACKSERLEBNIS: MAROKKANISCH

Den Couscous mit je 1/2 TL gem. Koriander und Kardamom, jeweils 1/4 TL gem. Cumin, Kurkuma, Zimt- und Paprikapulver, 1 Msp. Cayennepfeffer, 4 EL Sultaninen sowie etwas Salz mischen und zubereiten, wie im Basisrezept beschrieben (schneller geht es mit 2 TL Ras el Hanout, Seite 70). Auf den fertigen Couscous geröstete Mandelblättchen streuen. Dazu passt z. B. gebratenes Hähnchenbrustfilet mit der Mandelsauce von Seite 179.

2. GESCHMACKSERLEBNIS: PERSISCH

Couscous mit 1 TL Zimtpulver, je 1/2 TL gem. Kardamom und Cumin sowie 1 TL getr. Rosenblättern mischen, zubereiten, wie im Basisrezept beschrieben. 3 EL getr. Berberitzen einweichen, trockentupfen, in 10 g Butter 2 Min. braten. Mit 1 TL Zucker bestreuen, noch 1 Min. braten, unter den Couscous mischen (oder 2 TL Persisches Rosengewürz, Seite 73, verwenden). Dazu passt das Schmorlamm mit Pflaumen, Ingwer und Zimt von Seite 180.

3. GESCHMACKSERLEBNIS: ORIENTALISCH

Couscous mit je 1/2 TL gem. Koriander, fein zerriebener getr. Minze und getr. Orangenschalen (Seite 46), je 1/4 TL gem. Piment und Kurkuma sowie 1 Msp. Cayennepfeffer würzen. 125 ml Orangensaft gemischt mit 125 ml Brühe erhitzen, über den Couscous geben. 10–12 getrocknete Datteln fein hacken und untermischen. Dazu passen z. B. die Safranzwiebeln von Seite 105.

4. GESCHMACKSERLEBNIS: NUSSIG FRISCH & SCHARF

Jeweils 1/2 TL grüne Pfefferkörner, getr. Zitronenschalen (Seite 36) und getr. Minze im Mörser fein zerreiben, mit 1/2 TL Kurkuma sowie 1/4 TL Knoblauchpulver mischen. 2 EL gesalzene Pistazienkerne fein hacken und alles gut vermengen (schneller geht es mit 2 EL Pistacchio-Lemon-Sprinkle, Seite 37). Mit 2 EL grob gehackten Pistazienkernen bestreuen. Dazu passt gegrillter Fisch.

Polenta

Die Mühe des langen Rührens lohnt sich. Polenta ist eine leckere **Alternative** zu Reis und Kartoffelpüree und dabei ebenso **variationsreich** zu würzen und abzuwandeln. – Fein beispielsweise als Beilage zu gegrilltem oder geschmortem Fleisch.

ZUBEREITUNGSZEIT: CA. 50 MIN.
PRO PORTION: CA. 665 KCAL
FÜR 4 PERSONEN

2 Knoblauchzehen
1–2 Zwiebeln (150 g)
60 g Butter
500 ml Hühnerbrühe
500 ml Milch
1 TL Salz
250 g Polenta
geriebene Muskatnuss

1 Knoblauch und Zwiebeln schälen, fein hacken. Die Zwiebeln in 20 g Butter in 5–6 Min. glasig schmoren. Knoblauch zugeben, noch 1 Min. mitschmoren. Mit Hühnerbrühe und Milch ablöschen. Salzen. Kurz aufkochen und die Temperatur sofort wieder zurücknehmen.

2 Sobald die Flüssigkeit nur noch köchelt, den Polentagrieß unter ständigem Rühren einrieseln lassen. Die Hitze so weit reduzieren, dass der Brei nur gelegentlich blubbert, dabei regelmäßig umrühren, bis er sich vom Topfboden löst.

3 Die Polenta in 20–30 Min. (je nach Produkt; siehe auch Packungsangabe) garen. Mit Muskatnuss abschmecken. Restliche Butter schmelzen, bis sie leicht bräunt, und über die Polenta gießen.

WÜRZVARIANTEN

1. Mit Parmesan & Oliven: Direkt vor dem Servieren 100 g frisch geriebenen Parmesan, 40 g sehr fein gehackte schwarze Oliven und 2 EL Olivenöl unter die Polenta mischen.

2. Mit Steinpilzen: 20 g getr. Steinpilze etwa 30 Min. einweichen, ausdrücken und fein hacken. 100 g frische Steinpilze (oder braune Champignons) putzen und klein schneiden. Sobald Zwiebeln und Knoblauch glasig angeschmort sind, die Pilze 2–3 Min. anbraten, dann mit 1 l Hühnerbrühe (keine Milch!) ablöschen. Mit Salz und Pfeffer abschmecken, mit gehackter Petersilie bestreuen.

3. Mit Basilikum: Die Blätter von 1 großen Bund Basilikum grob hacken. Mit 3 EL Olivenöl (oder Brühe) im Mixer fein pürieren, unter die Polenta mischen. Wenn kein frisches Basilikum zu bekommen ist, einfach 3–4 EL Pesto (Seite 114) untermischen.

Die noch heiße Polenta auf ein leicht gefettetes **Backblech** *gießen und mit einem Spatel gleichmäßig darauf* **ausstreichen.** *Sobald die Masse ausgekühlt ist, in Rechtecke oder Rauten schneiden und diese entweder kurz von beiden Seiten* **grillen oder in der Pfanne braten.**

Ihr Image als Grundnahrungsmittel und so genannte Sättigungsbeilage haben sie längst hinter sich gelassen und kommen jetzt mit viel Geschmack und Raffinesse daher. Aus Kartoffeln, Gemüse und Hülsenfrüchten werden mit aromatischen Gewürzen und würzenden Zutaten immer neue Köstlichkeiten.

KARTOFFELN, GEMÜSE & HÜLSENFRÜCHTE

Bratkartoffeln aus rohen Kartoffeln

Bratkartoffeln sollen goldbraun, außen **knusprig** und innen **weich** sein. Sie gelingen am besten, wenn sie gleichmäßig dick geschnitten und möglichst in nur **einer Schicht** in der Pfanne gebraten werden.

ZUBEREITUNGSZEIT: CA. 35 MIN.
PRO PORTION: CA. 195 KCAL
FÜR 2 PERSONEN

4 größere Kartoffeln (400–500 g)
1–2 EL Öl (z. B. Erdnussöl) oder Butterschmalz
schwarzer Pfeffer aus der Mühle
1/2 Bund glatte Petersilie
Salz | Cayennepfeffer

1 Kartoffeln schälen, in 1 cm dicke Scheiben hobeln und trockentupfen. Öl stark erhitzen, bis es Schlieren zieht. Die Kartoffelscheiben kurz in dem Öl wenden, so dass sie von allen Seiten mit Öl überzogen sind. Dann gleichmäßig auf dem Pfannenboden verteilen.

2 Die Hitze herunterschalten, die Kartoffeln sollen nur leise zischen, nicht laut brutzeln. Nach etwa 5 Min., sobald sie auf einer Seite eine goldgelbe Kruste haben, die Pfanne rütteln. Kartoffeln vorsichtig umdrehen und etwa 20 Min. weiterbraten, bis sie gleichmäßig goldbraun sind, öfter wenden. Nach etwa 15 Min. die Kartoffeln pfeffern. Petersilie waschen, trockenschütteln und hacken. Die fertig gebratenen Kartoffeln salzen, mit Cayennepfeffer bestauben und mit Petersilie bestreuen.

WÜRZVARIANTEN

1. Feurig nussig: Grob gehackte Cashewkerne etwa 5 Min. bevor die Kartoffeln fertig sind, mitbraten. Direkt vor dem Servieren 1–2 TL Sambal Oelek auf den Kartoffelscheiben dünn verstreichen.

2. Mediterran: Etwa 10 Min. bevor die Kartoffeln fertig sind, 4–5 in Öl eingelegte, abgetropfte getrocknete Tomaten klein würfeln und zusammen mit 1–2 TL Kräuter der Provence unter die Kartoffeln mischen. Mit frischem gehackten Basilikum bestreuen.

3. Salzig würzig: Speck würfeln und langsam auslassen. Grieben und Schinkenwürfel aus der Pfanne heben. Die Kartoffeln in dem ausgelassenen Fett braten. Erst zum Schluss die Grieben und Schinkenwürfel zu den Kartoffeln geben. Nach Belieben mit frischen Kräutern bestreuen (Petersilie, Kerbel, Schnittlauch, frischer Majoran).

Selbst gemachtes **Püree** wird klassisch mit brauner Butter und Muskatnuss serviert. Hier sehen Sie, wie **abwechslungsreich** Püree sein kann.

Kartoffelpüree besonders einfach und vier Mal anders

ZUBEREITUNGSZEIT: CA. 45 MIN.
FÜR 4 PERSONEN

BASISREZEPT

800 g mehlig kochende Kartoffeln
Salz
300 ml heiße Milch
30 g Butter
schwarzer Pfeffer aus der Mühle
geriebene Muskatnuss

Die Kartoffeln schälen und 20 Min. in kochendem Salzwasser garen. Abgießen, etwa 5 Min. ausdampfen lassen. Heiße Kartoffeln durch die Presse drücken oder stampfen. Mit der Presse bekommt man ein feines, luftiges Püree, mit dem Stampfer wird es eher etwas stückig. Anschließend die heiße Milch und die Butter mit dem Schneebesen hineinrühren. Nicht zu lange rühren, damit das Püree nicht klebrig und zäh wird. Mit Salz, Pfeffer und geriebener Muskatnuss würzen.

WÜRZVARIANTE MIT FRISCHEN KRÄUTERN

Für ein würzig frisches Püree zum Schluss noch fein gehackte frische Kräuter unterheben: z. B. Petersilie, Kerbel, Borretsch, Dill und/oder Schnittlauch.

1. GESCHMACKSERLEBNIS: **SAFRAN & MANDELN**

1/2 TL Safranfäden mit etwas Salz zerreiben, in 3 EL warmem Wasser ziehen lassen. Je 150 ml Milch und Sahne aufkochen, Safranmischung zugeben. Unter die Kartoffelmasse mengen. Mit Pfeffer abschmecken. 30 g Butter erhitzen, leicht bräunen. Über das Püree gießen, mit 40 g gerösteten Mandelblättchen bestreuen. Passt zu Geflügel.

2. GESCHMACKSERLEBNIS: **MINZE & GRÜNE CHILI**

Je 2 EL gehackte frische Minze, glatte Petersilie und gehacktes Koriandergrün mit 2–3 EL feinst gehackten grünen Chilischoten unter das Kartoffelpüree mischen. Mit getrocknetem grünem Pfeffer aus der Mühle würzen. Dieses scharf frische Püree passt zu kleinen Steaks ebenso gut wie zu Fisch.

3. GESCHMACKSERLEBNIS: **SCHWARZE OLIVEN**

100 g schwarze Oliven ohne Stein fein hacken. 225 ml Milch mit 75 ml Olivenöl und etwas Salz aufkochen und in die Kartoffelmasse rühren. Oliven untermischen. Mit Pfeffer, Salz und Muskat kräftig abschmecken. Mit grob gehacktem Basilikum bestreuen. Dieses kräftig herb würzige Püree passt besonders gut zu mediterranen Gerichten, z. B. zu gegrilltem Fisch oder Lammkoteletts.

4. GESCHMACKSERLEBNIS: **WASABI & SESAM**

30 g weiße Sesamsamen trocken rösten, bis sie duften. 150 ml Milch mit 150 g Sahne, 30 g Butter und etwas Salz aufkochen und in die Kartoffelmasse rühren. 1–1 1/2 EL Wasabipaste, 2–3 TL dunkles Sesamöl und 3–4 TL Limettensaft unterrühren. Mit Salz und Pfeffer abschmecken. Mit geröstetem Sesam bestreuen. Dieses scharf-aromatische Püree passt zu kurz gebratenem (Tun-)Fisch.

Karibisch scharfe Kartoffelecken

Potato Wedges einmal ganz anders: Kokosraspel, Gewürze und Cayennepfeffer geben diesem spannenden Fingerfood eine knusprig scharfe Panade.

ZUBEREITUNGSZEIT: CA. 30 MIN.
BACKZEIT: 35–45 MIN.
PRO PORTION: CA. 275 KCAL
FÜR 4 PERSONEN

2 EL Koriandersamen
2 TL schwarze Senfkörner
2 TL Cuminsamen
3 EL Kokosraspel
1 EL Kurkuma
1–2 TL Cayennepfeffer
1–2 TL Knoblauchpulver
1 TL Salz
1 kg kleine fest kochende Kartoffeln
2–3 EL Öl

1 Koriander, Senfkörner und Cumin in einer Pfanne ohne Fett rösten, bis die Gewürze anfangen zu duften. Kokosraspel zugeben und unter Rühren rösten, bis sie anfangen zu bräunen. Abkühlen lassen, im Blitzhacker zerkleinern, mit den anderen Gewürzen mischen.

2 Backofen auf 200 °C Umluft (220 °C Ober-/Unterhitze) vorheizen. Kartoffeln waschen, sauber bürsten und je nach Größe vierteln oder achteln. Die Schnittstellen dünn mit Öl bepinseln, in die Gewürzmischung drücken und auf ein mit Backpapier ausgelegtes Backblech legen. Im Ofen in 35–45 Min. gar backen. Dazu passen fruchtig scharfe Salsas, Mangochutneys oder Chilisaucen zum Dippen.

TIPP Sollte von der Gewürzmischung etwas übrig bleiben, lassen sich damit Reisreste karibisch aufpeppen und braten.

WÜRZVARIANTEN
1. Klassisch mit Paprika & Knoblauch: Je 2 TL Paprikapulver, Knoblauchpulver, Pfeffer und Salz und 1/4 – 1/2 TL Cayennepfeffer mischen, mit 2 EL Öl verrühren und die Kartoffelecken damit einpinseln.
2. Würzig mit Parmesan: 100 g frisch geriebenen Parmesan mit 1 TL Salz und je 2 TL Knoblauchpulver, Paprikapulver und schwarzem Pfeffer mischen. Die Kartoffelecken dünn mit wenig Öl einpinseln und in die Mischung drücken.

Beim Rösten die Gewürze in der Pfanne bewegen, damit sie nicht anbrennen.

Die Gewürzpanade für die Kartoffeln darf durchaus nur relativ grob zerkleinert sein.

Mediterrane Ofenkartoffeln

Die stärksten Mittelmeer-Aromen mischen sich mit milden Kartoffeln zu einem ursprünglichen Gericht, zu dem gemischter Salat und Lammkoteletts ideal passen.

ZUBEREITUNGSZEIT: CA. 30 MIN.
BACKZEIT: CA. 1 STD.
PRO PORTION: CA. 375 KCAL
FÜR 4 PERSONEN

1 1/2 kg Kartoffeln
6–8 Zweige Rosmarin
1 Bund Salbei
3 frische Lorbeerblätter
4 Knoblauchzehen
Salz | schwarzer Pfeffer aus der Mühle
100 ml Olivenöl

1 Ofen auf 175 °C Umluft (190 °C Ober-/Unterhitze) vorheizen. Kartoffeln schälen, in gleich große Stücke schneiden (3 x 4 cm). Kräuter waschen, trockenschütteln, die Blättchen abstreifen, bzw. abzupfen. Lorbeerblätter in Streifen schneiden. Knoblauch schälen, längs vierteln.

2 Kartoffeln in eine Backform legen, salzen und pfeffern. Knoblauch und Kräuter in die Zwischenräume verteilen. Das Öl darüber träufeln. 1 Std. backen, zwischendurch die Kartoffeln 1–2 Mal wenden, damit sie von allen Seiten bräunen.

WÜRZVARIANTE MIT THYMIAN & ZITRONE
Lorbeer und Salbei durch frischen Thymian ersetzen. 2 unbehandelte Zitronen in dünne Scheiben schneiden und zwischen die Kartoffeln stecken.

Die gelbfleischige **Steckrübe** hat einen süßlichen und leicht an Kohlrabi erinnernden Geschmack. Sie eignet sich für Rohkost, Suppen und Eintöpfe und ist damit **ähnlich vielseitig wie die Möhre,** mit der sich jedes dieser vier Gerichte ebenso gut zubereiten lässt.

Steckrüben vier Mal würzig

ZUBEREITUNGSZEIT: CA. 40 MIN.
FÜR 4 PERSONEN

BASISREZEPT

600–700 g Steckrüben

Rüben schälen und waschen. Alle holzigen Teile entfernen. Es sollte netto eine Menge von 650 g verbleiben. Diese saftigen Teile am besten auf einem Hobel in gleichmäßige Stifte schneiden; je nach Rezept pfannenrühren oder in Flüssigkeit bissfest garen.

1. GESCHMACKSERLEBNIS: PALMZUCKER & KARDAMOM

Rüben in Stifte schneiden (2 cm x 5 mm), diese in 30 g Butter 3–4 Min. anbraten. Salzen, 1–2 TL gem. Kardamom zugeben. Mit Orangen-Pfeffer (Seite 47) würzen. 50 g geriebenen Palmzucker zugeben, karamellisieren lassen, die Rüben darin unter Rühren bissfest garen. Mit Limettensaft abschmecken, mit gehackten Pistazien und gehackten Limettenzesten bestreuen.

2. GESCHMACKSERLEBNIS: SHERRY & INGWER

Rüben in 4 x 1 cm breite Streifen, diese schräg in 1 cm große Stücke schneiden. Je 100 ml trockenen Sherry und Wasser aufkochen, die Rüben zugeben, salzen und in 8–10 Min. bissfest garen. 2 EL fein gewürfelten Ingwer in 30 g Butter anschmoren, Rüben darin schwenken. Salzen, pfeffern, mit 1–2 TL Akazienhonig und etwas Zitronensaft abschmecken, mit Koriandergün garnieren.

3. GESCHMACKSERLEBNIS: BERBERITZEN, ORANGE & CAYENNE

2 EL getr. Berberitzen 5 Min. einweichen. 1/2 EL Zucker in 10 g Butter karamellisieren lassen. Berberitzen darin 1 bis 2 Min. sanft schmoren. Rüben in Stifte schneiden. 50 g Schalotten und 1 Knoblauchzehe fein würfeln, in 1 EL Öl und 10 g Butter andünsten. Rüben 3 Min. unter Rühren mitbraten. 1 EL Zucker zugeben, karamellisieren lassen, mit 200 ml Orangensaft ablöschen. 2 EL Geflügelbrühe und 3–4 EL Orangenmarmelade unterrühren. Mit 1/4 TL Cayenne, Salz, Pfeffer und etwas Zitronensaft abschmecken. Berberitzen untermischen, mit Minze garnieren.

4. GESCHMACKSERLEBNIS: KOKOS & CUMIN

Rüben in feine Streifen schneiden (3 cm x 3 mm). 1 1/2 TL Cuminsamen in 2 EL Öl im Wok 2 Min. anbraten, die Rüben zugeben, nach 1 Min. 2 TL braunen Zucker darüber streuen, salzen, pfeffern und 1 sehr fein gewürfelte kleine grüne Thai-Chili untermischen. In 3–4 Min. unter Rühren bissfest garen. Mit 3 EL Kokosraspeln mischen, mit 2 EL Kokoschips und Korianderblättchen anrichten.

Orientalische Auberginen

In diesem herrlich üppigen Gericht spielt fruchtig **säuerlicher Granatapfelsirup** eine wichtige Rolle. Das **1001-Nacht-Gemüse** ist eine feine Beilage zu Lamm und Geflügel, zu Safranreis und Couscous.

ZUBEREITUNGSZEIT: CA. 60 MIN.
PRO PORTION: CA. 280 KCAL
FÜR 4 PERSONEN

500 g Auberginen
Salz
200 g Gemüsezwiebeln
2 Knoblauchzehen
4 EL Öl
2–3 EL flüssiges Geflügelfondkonzentrat
2 EL ungesüßter Granatapfelsirup
2 EL brauner Zucker
1 TL Zimtpulver
1/2 TL gem. Kardamom
1/2 TL gem. Cumin
50 g helle Sultaninen
50 g Pistazienkerne (natur, nicht gesalzen)
frische Granatapfelkerne für die Garnitur, nach Belieben

1 Die Auberginen schälen, längs in 1 cm dicke Scheiben, dann in gleich breite Streifen und diese in Würfel schneiden. Auberginenwürfel salzen und abgedeckt 10 Min. stehen lassen. Inzwischen Zwiebeln und Knoblauch schälen. Die Zwiebeln fein hacken. Auberginen mit Küchenpapier gut trockentupfen.

2 Auberginenwürfel in 3 EL Öl etwa 10 Min. unter Rühren anbraten, bis sie Farbe annehmen. Zwiebelwürfel separat im restlichen Öl in etwa 5 Min. glasig schmoren, Knoblauch dazupressen, 1 Min. mitschmoren. Zwiebeln zu den gebratenen Auberginen geben.

3 Geflügelfondkonzentrat und Granatapfelsirup mit 200 ml Wasser mischen, das Gemüse damit ablöschen. Zucker und Gewürze zugeben. Temperatur reduzieren, alles etwa 10 Min. bei mittlerer Hitze schmoren, gelegentlich umrühren. Rosinen zufügen, weitere 10 Min. schmoren, bis die Auberginen schön weich sind. Eventuell mit Salz und Granatapfelsirup abschmecken. Pistazienkerne grob hacken und über die Auberginen streuen. Nach Belieben mit Granatapfelkernen garnieren.

WÜRZVARIANTEN

1. Mit Kürbis & Aprikosen: Auberginen durch Kürbis ersetzen, die Sultaninen durch 100 g gehackte, getrocknete Aprikosen.

2. Mit Rosengewürz: Für ein besonders duftiges Aroma: Statt Zimt, Kardamom und Cumin 2 TL Persisches Rosengewürz (Seite 73) und zusätzlich 1 Prise Cayennepfeffer verwenden.

Auberginen vor dem Braten abtupfen. Das Salz hat Wasser und Bitterstoffe entzogen.

Das Gemüse separat anbraten, mischen, mit Fondkonzentrat und Sirup würzen.

Pistazien setzen einen farblichen und einen mandelzarten geschmacklichen Akzent.

Scharfer Thai-Blumenkohl

Typisch thailändisch: Die Schärfe der **Currypaste** wird durch **Kokosmilch** gemildert. **Kaffirlimettenblätter** geben ein besonderes Aroma.

ZUBEREITUNGSZEIT: CA. 30 MIN.
PRO PORTION: CA. 195 KCAL
FÜR 4 PERSONEN

1 Blumenkohl
2 EL rote Thai-Currypaste
1 EL brauner Zucker
1 Dose Kokosmilch (400 ml)
4 Kaffirlimettenblätter
1/2 Dose Zuckermais (ca. 140 g Abtropfgewicht)
6 Eier | 1 kleine rote Chilischote

1 Blumenkohl in sehr kleine Röschen teilen und waschen. Currypaste mit braunem Zucker im Wok anrösten, mit der Kokosmilch ablöschen. 2 Limettenblätter einlegen. Blumenkohlröschen bei kleiner Hitze zugedeckt garen, öfter umrühren. Nach 10 Min. den Mais zugeben. Offen bei höherer Hitze weitere 5–7 Min. garen. Die Kokosmilch soll etwas einkochen, der Blumenkohl noch Biss haben. Limettenblätter entfernen.

2 Inzwischen die Eier in 7 Min. wachsweich kochen, von der Chilischote die Samen entfernen, Schote in feine Ringe schneiden. Das Curry mit Eihälften, Chiliringen und übrigen Limettenblättern anrichten.

WÜRZVARIANTE MIT MILDEM CURRY & SAHNE
1 fein gewürfelte Schalotte in etwas Öl anschmoren, 1 EL mildes Currypulver einrühren, mit 200 g Sahne ablöschen. Den Blumenkohl darin wie oben garen. Mais und geröstete Mandelblättchen runden das Curry ab.

Zucchini schmecken gedünstet, geschmort, gebacken, gebraten. Hier werden **knusprige Puffer** mit vier **raffinierten** Würzvarianten daraus.

Grundrezept Zucchinipuffer

ZUBEREITUNGSZEIT: CA. 1 STD.
FÜR 2 PERSONEN (OHNE BEILAGE)

500 g kleine, feste Zucchini
1 EL Zitronensaft | Salz
1–2 kleine rote Zwiebeln (80–100 g)
2 Knoblauchzehen
1 EL Olivenöl | 2 Eier | 4 EL Mehl
schwarzer Pfeffer aus der Mühle
2–3 EL Semmelbrösel
Olivenöl zum Braten

Zucchini raffeln, auf ein Sieb geben, mit Zitronensaft beträufeln, mit 1 TL Salz bestreuen und 15 Min. stehen lassen. Zwiebeln und Knoblauch schälen. Die Zwiebeln fein hacken und in Olivenöl in 6–7 Min. weich schmoren. Knoblauch 1 Min. mitschmoren, aus der Pfanne nehmen. Zucchini mit Küchenpapier fest ausdrücken. Die Eier mit Mehl und Pfeffer verquirlen. Zucchini, Zwiebeln und Ei-Mehl-Mix mischen, dann so viel Semmelbrösel zugeben, dass die Mischung locker und nicht mehr flüssig ist. Mit Pfeffer und Salz abschmecken.
Öl in einer Pfanne erhitzen, von der Zucchinimasse mit einem großen Löffel Portionen in die Pfanne setzen und etwas flach streichen. Die Puffer je nach Dicke in 5–7 Min. knusprig braten. Auf Küchenpapier entfetten.

1. GESCHMACKSERLEBNIS: **ROSMARIN & PECORINO**

100 g Pecorino reiben und zusammen mit 2 EL fein gehackten Rosmarinnadeln unter den Zucchiniteig mischen. Die Puffer braten wie im Grundrezept beschrieben. Dazu passt ein Joghurtdip mit 1 fein gewürfelten, gehäuteten und entkernten Fleischtomate, gewürzt mit frischem Knoblauch, Salz und Pfeffer.

2. GESCHMACKSERLEBNIS: **MINZE & PINIENKERNE**

3 EL Pinienkerne in einer Pfanne ohne Fett goldgelb rösten. Zusammen mit 1–1 1/2 EL fein gehackter frischer Minze unter den Zucchiniteig mischen. Die Puffer braten wie im Grundrezept beschrieben. Dazu passt ein Joghurtdip, vermischt mit 1 EL Olivenöl, fein gehackter Minze, 1 Spritzer Zitronensaft, Salz und Pfeffer.

3. GESCHMACKSERLEBNIS: **CURRY & SCHINKEN**

120 g gekochten Schinken fein würfeln, mit 1 TL Currypulver unter den Zucchiniteig mischen. Die Puffer braten wie im Grundrezept beschrieben. Dazu passt ein Joghurtdip, gewürzt mit 1 TL getr. Orangenschalen (Seite 46) sowie 1 Spritzer Zitronensaft, Salz, Pfeffer, etwas Currypulver und ein wenig Ahornsirup.

4. GESCHMACKSERLEBNIS: **HASELNÜSSE & CUMIN**

50 g Haselnüsse fein mahlen. Zusammen mit 1–2 TL gem. Cumin unter den Zucchiniteig mischen. Die Puffer braten wie im Grundrezept beschrieben. Dazu passt ein Joghurtdip: Etwa 150 g Joghurt mit 1 TL Honig, Salz, Pfeffer und gehackten Limettenzesten würzen. Mit 1–2 TL frisch gerösteten Cuminsamen überstreuen.

Das Vorbereiten der Gemüse nimmt zwar ein bisschen Zeit in Anspruch. Doch wenn das Öl im Wok erst einmal heiß geworden ist, steht dieses vegetarische Gericht in kurzer Zeit auf dem Tisch. Die unterschiedlichen Geschmackskomponenten entfalten ein wahres Feuerwerk an Aromen.

Asiatischer Weißkohl

Süß, sauer, salzig und scharf – dieser Weißkohl ist rundum köstlich. Mit weichen Glasnudeln und knackigen Erdnüssen wird daraus eine vollwertige kleine Mahlzeit.

ZUBEREITUNGSZEIT: CA. 45 MIN.
PRO PORTION (BEI 4 PERSONEN): CA. 315 KCAL
FÜR 3–4 PERSONEN

500 g Weißkohl | 250 g Möhren
je 2–3 grüne und rote Chilischoten | 1 Bund Frühlingszwiebeln
1 pflaumengroßes Stück Ingwer | 2–3 Knoblauchzehen
60 g Glasnudeln | 3–4 EL gesalzene Erdnusskerne
4 EL Erdnussöl | 6 EL Reisessig | 4 EL brauner Zucker
4 EL Austernsauce | Salz
schwarzer Pfeffer aus der Mühle | Cayennepfeffer

1 Weißkohl putzen, den Strunk entfernen, den Kohl sehr fein hobeln. Möhren schälen und in Julienne schneiden. Chilischoten längs halbieren, Trennwände und Samen entfernen, das Fruchtfleisch fein würfeln. Frühlingszwiebeln putzen, das Weiße fein hacken, das Grün in dünne Ringe schneiden. Ingwer und Knoblauch schälen und fein würfeln. Glasnudeln mit kochendem Wasser begießen, 5 Min. ziehen lassen, kalt abspülen und klein schneiden. Erdnusskerne grob hacken.

2 3 EL Erdnussöl im Wok sehr heiß werden lassen. Ingwer, Chiliwürfel und gehackte Frühlingszwiebeln unter Rühren 1 Min. anbraten. Knoblauch zugeben, nach 1 Min. den Weißkohl. 2–3 Min. unter ständigem Rühren braten. Kohl an den Rand des Woks schieben. 1 EL Erdnussöl in der Mitte erhitzen. Möhrenstreifen etwa 30 Sek. braten, das Gemüse soll gar, aber noch knackig sein.

3 Die Glasnudeln zugeben und alles gründlich mischen. Wieder an den Rand des Woks hochschieben, Reisessig und Zucker in die Mitte geben, rühren, bis sich der Zucker gelöst hat. Austernsauce dazugeben. Noch einmal alles gut mischen Mit Salz, Pfeffer und Cayennepfeffer abschmecken. Mit Frühlingszwiebelringen und Erdnüssen bestreuen.

WÜRZVARIANTEN

1. Mit Chilisauce: Die Hälfte des Reisessigs und den Zucker durch süß-scharfe Chilisauce ersetzen, mit Fisch- statt Austernsauce würzen.

2. Auf indische Art: 1 EL braune Senfkörner und 2 Lorbeerblätter im heißen Öl braten, bis die Senfkörner aufplatzen. Gehobelten Weißkohl zugeben, 5 Min. unter Rühren braten. Mit Salz, etwas Zucker, Pfeffer und 1 gehäuften TL Garam Masala würzen. Wenn der Kohl fast gar ist, mit 2–3 EL trocken gerösteten Kokosraspeln mischen und mit Korianderblättchen bestreuen.

Chili- und Fischsauce lassen den salzig-scharfen Geschmack stärker hervortreten.

Mit Senfkörnern, Garam Masala u. a. geht es geschmacklich von Asien nach Indien.

Brokkoli mit Kokos und Garam Masala

Mit Kokos, Cumin und Garam Masala kommt dieser Brokkoli **ganz indisch** daher.

ZUBEREITUNGSZEIT: CA. 35 MIN.
PRO PORTION: CA. 135 KCAL
FÜR 4 PERSONEN

1 kg frischer Brokkoli
1–2 Zwiebeln (100 g)
2 Knoblauchzehen
1 Stück frischer Ingwer
1 EL Butterschmalz
1 TL Cuminsamen
Salz, Pfeffer aus der Mühle
250 ml Kokosmilch
1–2 TL Garam Masala (Seite 69)
3–4 EL Kokosraspel

1 Brokkoli in Röschen teilen, die Stiele schälen und in 1/2 cm große Scheibchen schneiden. Brokkoliröschen waschen und abtropfen lassen. Zwiebeln und Knoblauch schälen und fein hacken. Ingwer schälen, fein würfeln, 2 TL abmessen.

2 Butterschmalz im Wok erhitzen, Cuminsamen 1 Min. anbraten, Zwiebeln zugeben und unter Rühren 2 Min. mitschmoren, Ingwer zugeben, 1 Min. mitschmoren. Knoblauch 30 Sek. mitschmoren.

3 Brokkoli in den Wok geben, salzen, pfeffern und 4–5 Min. unter ständigem Rühren knapp garen. Kokosmilch angießen, etwa 3 Min. köcheln, bis die Kokosmilch etwas eingekocht und sämig ist. Mit Garam Masala bestreuen und gut mischen. Mit Kokosraspeln bestreuen und sofort servieren.

WÜRZVARIANTEN

1. Mit Sahne, Sherry & Mandelblättchen: Für eine klassische Variante Ingwer, Cumin und Garam Masala weglassen. Kokosmilch durch 250 g Sahne und einen Schuss Sherry ersetzen. Mit trocken gerösteten Mandelblättchen bestreuen.

2. Mit Sahne, Curry & Limettenblättern: 2 TL Currypulver und etwas Cayennepfeffer in 250 g Sahne mischen und zum Brokkoli geben. Etwas einkochen lassen. Mit fein geschnittenen Kaffirlimettenblättern und einigen Kokoschips garnieren.

3. Mit Thai-Currypaste, Kokosmilch & Limettensaft: Mit scharfer grüner Currypaste, Kokosmilch, einigen Spritzern Limettensaft und klein gehackter roter Chilischote wird der Brokkoli thailändisch frisch und feurig.

Die Brokkolistiele schält man am besten mit einem Gemüseschäler.

Würzzutaten nacheinander anschmoren, so entfaltet sich das Aroma am besten.

Brokkoli nur kurz pfannenrühren, bevor er in der Kokosmilch bissfest gegart wird.

Grüne Bohnen in Zwiebel-Tomatensauce

Tomaten, **Minze**, Knoblauch und Schafkäse machen aus grünen Bohnen ein **mediterranes** Vergnügen! Dazu passen **Lammkoteletts** und Baguette.

ZUBEREITUNGSZEIT: CA. 50 MIN.
PRO PORTION: CA. 220 KCAL
FÜR 4 PERSONEN

600 g grüne Bohnen | 600 g Tomaten
300 g Zwiebeln | 2–3 Knoblauchzehen
1/2 Bund Minze | 150 g Schafkäse (Feta)
2 EL Olivenöl | 100 ml Brühe
1 TL Zucker | Salz
Pfeffer aus der Mühle | 2 EL Tomatenmark

1 Bohnen putzen, waschen und nach Belieben in Stücke schneiden. Tomaten überbrühen, häuten und entkernen, Saft dabei auffangen. Das Fruchtfleisch würfeln. Zwiebeln und Knoblauch schälen, würfeln. Minze waschen, trockenschütteln, Blättchen hacken. Feta grob würfeln.

2 Zwiebeln im Öl in 5–6 Min. glasig schmoren, Knoblauch 1 Min. mitschmoren. Bohnen, Brühe und Tomatensaft zugeben. Zucker untermischen, salzen und pfeffern. 10 Min. abgedeckt köcheln lassen. Tomatenstücke zugeben, nach 5 Min. den Feta. Nach 3 Min. Tomatenmark in die Sauce einrühren. Köcheln, bis die Bohnen gar, der Käse gerade angeschmolzen und die Sauce sämig ist. Mit Minze bestreuen.

WÜRZVARIANTE MIT PETERSILIE & PINIENKERNEN
Minze durch glatte Petersilie ersetzen, statt Schafkäse 60 g trocken geröstete Pinienkerne darüber streuen.

Ob **vegetarisch** oder mit Fleisch, überbacken oder frisch – mit ihrem zart **säuerlichen Aroma** sind **Tomaten** offen für verschiedenste Füllungen.

Gefüllte Tomaten vier Mal anders

ZUBEREITUNGSZEIT: CA. 45 MIN.
BACKZEIT: CA. 35 MIN.
FÜR 4 PERSONEN

BASISREZEPT

8 Fleischtomaten à 120–150 g
Salz | schwarzer Pfeffer aus der Mühle

Tomaten nach Belieben überbrühen und die Haut abziehen. Oben einen Deckel abschneiden. Mit einem scharfkantigen Löffel (Grapefruitlöffel) Fruchtfleisch und Kerne herausheben, auf einem Sieb abtropfen lassen. Die festen Bestandteile klein hacken und nach Rezept weiterverarbeiten. Die Tomaten und Deckel mit der Schnittfläche nach unten auf Küchenpapier abtropfen lassen. Tomaten von innen salzen und pfeffern, füllen. Tomatendeckel für die Füllung mitverwenden oder auf die Füllungen setzen.

Für Tomaten, die gebacken werden, Ofen auf 160 °C Umluft (180 °C Ober-/Unterhitze) vorheizen. Tomaten in eine gefettete Form setzen, 125–250 ml Brühe angießen, etwa 35 Min. backen. Soll die Füllung an der Oberfläche knusprig überbacken sein, die Deckel nach 20 Min. abnehmen.

1. GESCHMACKSERLEBNIS: SÄUERLICH-FRISCH

50 g Instant-Bulgur nach Packungsangabe zubereiten, abkühlen lassen. 80–100 g Blättchen von glatter Petersilie, 15–20 g Minzeblättchen und 6 Frühlingszwiebeln sehr fein hacken. Tomatendeckel und ausgehöhltes Fruchtfleisch würfeln, salzen. 4 EL Zitronensaft mit Salz, Pfeffer und 4 EL Olivenöl zu einer Vinaigrette rühren. Mit den anderen Zutaten mischen. Tomaten innen salzen, füllen, vor dem Servieren 2 Std. kalt stellen.

2. GESCHMACKSERLEBNIS: WÜRZIG-SAHNIG

100 g klein gewürfelten Schinkenspeck in 1 EL Butterschmalz anbraten. 400 g klein gewürfeltes Putenfleisch zugeben und unter Rühren 4–5 Min. braten. Krümel von 2 Scheiben Vollkorn-Toastbrot zugeben und 1–2 Min. mitbraten. Die Fleischmischung mit 200 g Schmand und 1/2 Bund gehackter Petersilie vermengen, mit Salz, weißem Pfeffer und Muskatnuss würzen. In die Tomaten füllen und diese backen.

3. GESCHMACKSERLEBNIS: FETA & OLIVEN

1 gehackte Zwiebel in 3 EL Öl weich schmoren, 2–3 fein gehackte Knoblauchzehen 1 Min. mitschmoren. 400 g Rinderhack zugeben, krümelig braten. Geröstete Würfelchen von 2 Scheiben Vollkorntoast, 80 g gehackte schwarze Oliven, 150 g Schafkäsewürfelchen, 50 g grob gehackte gehäutete Mandeln sowie die gehackten Blättchen von 1 Bund glatter Petersilie und 1/2 Bund Thymian untermischen. Mit Salz und Pfeffer würzen, in die Tomaten füllen, diese backen.

4. GESCHMACKSERLEBNIS: KNOBLAUCH & KÄSE

3 gehackte Zwiebeln in 4 EL Öl weich schmoren, 3 gehackte Knoblauchzehen und 400 g Zucchiniwürfelchen 2 bis 3 Min. mitschmoren. Geröstete Krümel von 4 Scheiben Vollkorntoast, 1–2 fein gehackte grüne Chilis, 80 g geröstete Pinienkerne, 2 Bund gehackte Petersilie und die gewürfelten Tomatendeckel untermischen. Mit Salz, Pfeffer und Cumin würzen. In die Tomaten füllen, diese backen. Kurz vor Ende der Backzeit je 1 Cheddarscheibe auflegen.

Dieses Gericht aus **orientalischen Zutaten** *und Gewürzen kann entweder als vegetarisches Hauptgericht oder als* **Beilage** *serviert werden, z. B. zu Lammkoteletts. Dazu passt ein typisch orientalischer* **Minztee.**

Kichererbsen mit Blattspinat

Süße Kichererbsen und herber Spinat verbinden sich hier mit orientalischen Gewürzen zu einem köstlichen vegetarischen Gericht, das mit Crème fraîche und frischer Minze gekrönt und stilecht mit Fladenbrot serviert wird.

ZUBEREITUNGSZEIT: CA. 45 MIN.
PRO PORTION: CA. 435 KCAL
FÜR 4 PERSONEN

2 Zwiebeln (150 g)
3 Knoblauchzehen
2 Dosen Kichererbsen (à 265 g Abtropfgewicht)
2 EL Olivenöl
2 TL Cuminsamen
1 Päckchen stückige Tomaten (500 g)
2 TL Kurkuma
2 TL gem. Koriander
1 TL Delikatesspaprika
2 EL Tomatenmark
frische Minze
1 Paket TK-Blattspinat (600 g)
Salz
150 g Crème fraîche

1 Zwiebeln und Knoblauch schälen. Kichererbsen gründlich abspülen und dabei etwas rubbeln. Die sich dabei lösenden Häutchen entfernen. Die Zwiebeln fein hacken und im Olivenöl in 4–5 Min. glasig schmoren. Cuminsamen 2 Min. mitschmoren, Knoblauch dazupressen und alles noch 1 Min. weiterschmoren.

2 Zwiebel-Knoblauch-Mischung mit den Tomaten ablöschen. Gewürze und das Tomatenmark unterrühren. Kichererbsen zu den Tomaten geben, 10 Min. leicht köcheln lassen. Inzwischen die Minze waschen, trockenschütteln, die Blättchen abzupfen und hacken. 2 EL abmessen.

3 Den Blattspinat in einem anderen Topf nach Packungsangabe garen. Auf einem Sieb abtropfen lassen, gut ausdrücken, salzen und unter die Kichererbsen heben. Auf jede Portion 1 Löffel Crème fraîche geben. Mit der Minze bestreuen.

WÜRZVARIANTEN

1. Mit Curry: Die Gewürze durch 2 EL Currypulver ersetzen und anstelle der Tomaten 200 g Schmand und zum Schluss nach Belieben 150 g Joghurt einrühren. Mit Korianderblättchen bestreuen.
2. Mit Safran: Die Gewürze durch 1/2 TL zerriebene Safranfäden ersetzen.
3. Mit Harissa: Wenn man das Delikatesspaprika durch 1/2–1 TL Harissa (Seite 26) ersetzt, erhält das Gericht eine rasante Schärfe.
4. Mediterran: 100 g durchwachsenen Speck ohne Schwarte klein würfeln und im Öl anbraten, Zwiebel und Knoblauch dazugeben und wie beschrieben glasig schmoren. Cuminsamen und Gewürze weglassen, die Tomaten-Mischung mit dem Tomatenmark sowie mit Salz und Pfeffer würzen. Mit den Kichererbsen 50 g Rosinen und 1 Stück unbehandelte Zitronenschale zugeben. Zitronenschale vor dem Servieren entfernen.

Rote Linsen mit Knoblauch und Ingwer

Dieses eher dickliche Püree passt zu gedünstetem Gemüse, z. B. zu Blumenkohl, und eignet sich als **vegetarische Füllung** für Gemüsezwiebeln oder Kohlrabi. Es schmeckt auch hervorragend zu **Pasta.** Dann den Joghurt durch Sahne ersetzen.

ZUBEREITUNGSZEIT: CA. 1 STD.
PRO PORTION: CA. 255 KCAL
FÜR 4 PERSONEN

3 Zwiebeln (200 g)
1 Stück frischer Ingwer (40 g)
2 Knoblauchzehen
2 Stangen Staudensellerie
1 Bund glatte Petersilie
1 TL Koriandersamen
1/2 TL Senfkörner
1/2 TL Cuminsamen
1 TL Kurkuma
Cayennepfeffer
1 EL Öl
200 g rote Linsen
500 ml Brühe oder etwas mehr
150 g Vollmilchjoghurt
Salz | schwarzer Pfeffer aus der Mühle
Orangen-Koriander (Seite 47) aus der Mühle

1 Zwiebeln, Ingwer und Knoblauch schälen und fein würfeln. Stangensellerie entfädeln und klein würfeln. Petersilie waschen, trockenschütteln und fein streifig schneiden. Koriander-, Senf- und Cuminsamen trocken rösten, bis sie duften. Abkühlen lassen und mit Kurkuma und 1 Prise Cayennepfeffer mischen.

2 Zwiebeln im Öl in 4–5 Min. glasig schmoren, Ingwerwürfel dazugeben, 2–3 Min. weiterschmoren. Knoblauch zugeben, 1 Min. weiterschmoren. Selleriewürfel zugeben, noch 2 Min. schmoren. Linsen zugeben, mit so viel heißer Brühe aufgießen, dass sie knapp bedeckt sind.

3 Gewürzmischung einrühren. Deckel auflegen, Hitze reduzieren. Linsen in 20 Min. weich garen. Joghurt unter die Linsen mischen, nicht mehr kochen. Mit Salz und Pfeffer abschmecken. Orangen-Koriander darüber mahlen. Mit Petersilie bestreuen.

TIPP Schneller geht es mit Karibischer Currymischung (Seite 72).

WÜRZVARIANTEN
Die Gewürzmischung durch Garam Masala (fertig gekauft oder Rezept von Seite 69) ersetzen. Der Joghurt kann auch einmal durch Sahne oder Kokosmilch ersetzt werden und die Petersilie durch Korianderblättchen.

Die mit Kurkuma vermischten Gewürzsamen kommen im Ganzen in die Linsen.

Linsen und Brühe erst zugeben, nachdem der Sellerie kurz angeschmort wurde.

Topf von der Kochstelle nehmen, erst dann den Joghurt zugeben, sonst flockt er aus.

Weiße Bohnen mit Apfel-Speck-Stippe

Säuerliche Äpfel, süßliche Zwiebeln und würzig salziger Speck zu sanft-weichen Bohnen: eins der liebsten Gerichte meiner Kindheit.

ZUBEREITUNGSZEIT: CA. 1 STD. 15 MIN.
EINWEICHZEIT: 8–12 STD.
PRO PORTION: CA. 700 KCAL
FÜR 4 PERSONEN

500 g getr. weiße Bohnenkerne
3 etwas säuerliche Äpfel (500 g)
Salz | schwarzer Pfeffer aus der Mühle
Piment aus der Mühle
2 kleine Zwiebeln (150 g)
200 g durchwachsener Speck in Scheiben

1 Bohnenkerne 8–12 Std. in kaltem Wasser einweichen. Abspülen, mit etwa 800 ml kaltem Wasser aufsetzen, zum Kochen bringen und zugedeckt bei schwacher Hitze 1–1 1/4 Std. weich köcheln lassen. Die Äpfel schälen und in kleine, gut bohnengroße Stücke schneiden. 30 Min. vor Ende der Garzeit zugeben. Falls nötig, wenig Wasser nachgießen, es sollte zum Ende der Garzeit fast aufgebraucht sein. Die Mischung salzen und pfeffern, mit frisch gemahlenem Piment abschmecken.

2 Für die Speckstippe Zwiebeln schälen und fein würfeln. Speck klein würfeln und in einer beschichteten Pfanne ohne Fett bei mäßiger Hitze auslassen. Zwiebeln zugeben und schmoren, bis sie goldbraun sind und der Speck knusprig ist. Brutzelnd heiß über die warmen Bohnen geben.

MEDITERRANE WÜRZVARIANTE MIT OLIVENÖL & SALBEI

Zum Kochwasser 2 EL Olivenöl, 2 zerdrückte Knoblauchzehen sowie 8–10 klein geschnittene frische Salbeiblätter geben. Das Gericht mit 1–2 EL Olivenöl beträufeln, salzen und pfeffern. Kleine Salbeiblätter und 1–2 gehackte Knoblauchzehen in Olivenöl knusprig braten, über die Bohnen geben. Passt vorzüglich zu Lammkoteletts und frischem Baguette.

Fisch ist kostbar geworden. Eine Delikatesse, die man sich nicht täglich gönnt. Gerade deshalb soll man ihm bereits beim Kauf besondere Aufmerksamkeit widmen: Nur absolut frischen Fisch kaufen, der eigentlich gar nicht nach Fisch riecht. Und mit dem Zubereiten nicht mehr warten. So kurz wie möglich garen – und genießen!

FISCH & MEERESFRÜCHTE

Gedünsteter Dorsch mit Senfsahne

Kochfisch war einmal. Heute wird Fisch **behutsam gegart.** Durch sanftes Ziehen des Dorsches im gut gewürzten klassischen **Kräutersud** wird aus ihm eine unvergleichliche Delikatesse.

ZUBEREITUNGSZEIT: CA. 1 STD.
PRO PORTION: CA. 525 KCAL
FÜR 4 PERSONEN

FÜR DEN FISCH

1 Bund Suppengrün | 2 Zwiebeln
4 Gewürznelken
250 ml trockener Weißwein
2 Lorbeerblätter
4 Wacholderbeeren
1 TL schwarze Pfefferkörner
1 TL Salz
4 Dorschkoteletts à 300 g

FÜR DIE SENFSAHNE

200 ml trockener Weißwein
400 ml Fischfond
200 g Schmand
1–2 TL Dijon-Senf
1–2 TL körniger Senf
1/2 – 1 TL Akazienhonig
Salz | weißer Pfeffer aus der Mühle

1 Suppengrün waschen, putzen, klein würfeln. Zwiebeln schälen, mit den Nelken spicken. Zusammen mit Wein, 250 ml Wasser und restlichen Gewürzen im Wok aufkochen, etwa 30 Min. köcheln lassen. Inzwischen die Fischstücke kalt abspülen, Gräten mit einer Pinzette herausziehen. Fisch auf das Gemüse legen, zugedeckt bei niedriger Temperatur in 10–15 Min. gar ziehen lassen. Mit einer Schaumkelle herausheben.

2 Inzwischen für die Senfsahne den Wein aufkochen, auf ein Drittel reduzieren. Fischfond zugießen, aufkochen und wieder auf ein Drittel reduzieren, auf insgesamt etwa 150 ml. Den Schmand einrühren und erhitzen, Senf und Honig einrühren, mit Salz und weißem Pfeffer abschmecken. Mit dem Dorsch anrichten. Dazu passen Pellkartoffeln.

WÜRZVARIANTEN

1. Mit Safransauce: 200 ml Sherry auf ein Drittel einkochen, 400 ml Fischfond zugießen, aufkochen und auf insgesamt etwa 150 ml reduzieren. 1/2 TL Safranfäden mit etwas Salz im Mörser zerreiben, in 2 EL heißem Wasser ziehen lassen. In den Fond geben und etwa 5 Min. mitköcheln lassen. 200 g Schmand einrühren. Die Sauce mit Salz und Pfeffer würzen.

2. Im limettenfrischen Asia-Sud: 3 EL Schalottenwürfel, 2 EL fein gewürfelte rote Chilischote sowie je 1 EL fein gehackten Knoblauch und Ingwer in 2 EL Öl im Wok andünsten. 70 ml Wasser, 2 EL Sojasauce, 2 EL Limettensaft und 1 EL braunen Zucker mischen. Die Würzzutaten damit ablöschen, kurz aufkochen, Hitze reduzieren. Fischkoteletts in den Wok legen, mit etwas Brühe beträufeln. Zugedeckt bei geringer Hitze in 10–15 Min. gar ziehen lassen. Dazu Reis servieren oder den Fisch kalt mit grünem Salat reichen.

Rotbarsch gehört zu den wohlschmeckendsten Seefischen und ist wegen seines festen Fleisches für viele Zubereitungsarten geeignet. Hier wird er nur leicht mehliert, kurz gebraten und mit vier verschiedenen, köstlichen Saucen serviert.

Grundrezept gebratenes Rotbarschfilet

ZUBEREITUNGSZEIT: CA. 10 MIN.
FÜR 4 PERSONEN

4 Rotbarschfilets à 180–200 g
1–2 TL Zitronensaft | Salz | 2 EL Mehl
schwarzer Pfeffer aus der Mühle
2 EL Butterschmalz oder Olivenöl
1 Zitrone

Fischfilets waschen und trockentupfen. Nur leicht mit Zitronensaft beträufeln, etwas salzen. Mehl mit etwas Salz und Pfeffer mischen, die Filets erst direkt vor dem Braten darin wenden. Alles überschüssige Mehl abklopfen. Butterschmalz in einer Pfanne erhitzen, die Rotbarschfilets darin von jeder Seite etwa 2 Min. goldbraun braten. Aus der Pfanne nehmen, mit Zitronenachteln anrichten. Dazu passen neben den rechts vorgestellten Saucen die Kartoffelpürees von Seite 134/135.

1. GESCHMACKSERLEBNIS: PINIENKERNE

100 g Pinienkerne leicht rösten, fein mahlen. 2 Scheiben Toast zerkrümeln, rösten. 2 fein gehackte Knoblauchzehen und 2 TL fein gehackte Zitronenschale in 2 EL Olivenöl anschmoren. Brot und Pinienkerne 2 Min. mitrösten. So viel heiße Brühe (ca. 350 ml) angießen, dass eine sämige Sauce entsteht. Mit 1–2 EL Zitronensaft, Salz, Pfeffer und grünem Tabasco würzen. 3 EL gehackte Petersilie untermischen.

2. GESCHMACKSERLEBNIS: HUMMER & KRABBEN

1 Würfel Hummersuppe (40 g) mit ca. 65 ml Brühe nach Packungsangabe zubereiten. 2 EL Noilly Prat (oder trockenen Sherry) und 2 EL Sahne einrühren, noch einmal vorsichtig erhitzen. Mit weißem Pfeffer, Cayennepfeffer sowie 1 Spritzer Zitronensaft kräftig abschmecken. 100 g Krabbenfleisch 2 Min. in der Sauce ziehen lassen. Mit Dillspitzen bestreuen, sofort mit dem Rotbarsch servieren.

3. GESCHMACKSERLEBNIS: WEISSWEIN & KAPERN

250 ml trockenen Weißwein mit 125 ml Noilly Prat auf etwa 50 ml reduzieren. Mit 400 ml Fischfond auffüllen und auf 150 ml reduzieren. 200 g Sahne zugeben, aufkochen und köcheln lassen, bis die Sauce cremig ist. Mit weißem Pfeffer, Salz sowie der abgeriebenen Schale von 1/2 Zitrone abschmecken. 2–3 EL fein gehackte Kapern untermischen. Mit Schnittlauchröllchen bestreuen.

4. GESCHMACKSERLEBNES: HEISSE KRÄUTERBUTTER

3 fein gehackte Knoblauchzehen und die fein gehackte Schale von 2 Zitronen in 200 g Butter kurz anschmoren. Je 3 EL fein gehackte Petersilie und Estragon, 3 EL Schnittlauchröllchen, abgeriebene Schale von 1 Orange sowie je 2–3 TL grob zerstoßene grüne Pfefferkörner und rosa Pfefferbeeren unterrühren. Die Mischung etwas salzen, nur wenige Sekunden anschmoren.

Gebeizter Lachs

Schon lange bevor **Sushi** bei uns bekannt wurden, bewies Graved Lachs, wie unvergleichlich gut roher Fisch schmecken kann, besonders in Verbindung mit der typischen **süßscharfen Dillsauce.**

ZUBEREITUNGSZEIT: CA. 40 MIN.
MARINIERZEIT: MIND. 24 STD.
PRO PORTION: CA. 520 KCAL
FÜR 6 PERSONEN

FÜR DEN LACHS

1 kg Lachsfilet mit Haut (ohne Gräten) | 1 EL schwarze Pfefferkörner
1 EL Fenchelsamen | 70 g grobes Salz | 50 g Zucker
2 Bund Dill | 2 EL Wodka

FÜR DIE SAUCE

1 Bund Dill | 2 EL Weißweinessig | 2 EL Zucker | 3 EL süßer Senf
1 EL scharfer Senf | 6 EL Öl | Salz | schwarzer Pfeffer aus der Mühle

Mit einer Pinzette kann man auch feinste Gräten im Ganzen aus dem Filet ziehen.

1 Lachs waschen und trockentupfen, die beiden Filetseiten voneinander trennen. Mit einer Pinzette alle Gräten herausziehen. Pfefferkörner und Fenchelsamen im Mörser grob zerstoßen, anschließend mit Salz und Zucker mischen. Dill waschen, trockenschütteln und von den groben Stielen befreien. Die Fleischseiten der Lachsfilets mit je 1 EL Wodka beträufeln, dann jedes mit der Hälfte der Salzmischung einreiben.

Der Zucker in der Gewürzmischung intensiviert das Aroma von Fenchel und Dill.

2 Das eine Filet mit der Hautseite nach unten in eine flache Form legen. Den Dill darauf verteilen. Mit dem zweiten Filet abdecken (Hautseite nach oben). Lachs mit Frischfolie bedecken, darauf ein Holzbrett legen, dieses mit 2 Konservendosen beschweren. Für mindestens 24 Std. kalt stellen, öfter wenden und mit dem austretenden Sud begießen.

3 Für die Sauce den Dill abbrausen und trockenschütteln, die Spitzen hacken. Essig mit Zucker verrühren, bis er sich gelöst hat. Den Senf untermischen. Das Öl tropfenweise unterschlagen. Die Sauce mit Salz und Pfeffer abschmecken, den Dill unterheben. Zum Lachs servieren.

ASIATISCHE WÜRZVARIANTE MIT LIMETTE, INGWER & CHILI
30 g Ingwer und 2 Knoblauchzehen schälen, fein hacken. 2 kleine rote Chilis längs halbieren, Samen entfernen, die Schote fein hacken. 1 Bund Koriander abbrausen und hacken. 4 Kaffirlimettenblätter in feine Streifen schneiden. 2 Limetten heiß waschen, die Schale mit dem Zestenreißer abziehen und hacken. Alle Zutaten mischen. Limetten auspressen, die Fleischseiten des Lachses mit 3 EL Saft beträufeln. 60 g braunen Zucker mit 50 g Salz mischen, Fleischseiten damit einreiben. Gemüsemischung auf eine Lachsseite häufen, mit der anderen abdecken. Dazu passt ein Dip aus Wasabi und Sojasauce.

Der würzig-zarte Lachs ist so **köstlich,** *dass selten etwas übrig bleibt – was eigentlich schade ist, denn mit jungen* **Pellkartoffeln** *und dem Sahnedressing von Seite 82 wird daraus ein richtig guter* **Salat!**

Frühlingszwiebelgrün hält die Forelle beim Garen in Form, ist sehr dekorativ *und dabei noch essbar. Das Zubinden erfordert allerdings etwas* Fingerspitzengefühl. *Darum am besten ein paar mehr blanchierte Frühlingszwiebelstreifen bereit halten.*

Gefüllte Forelle mit Kräutern und Frühlingszwiebeln

Man kennt sie blau oder nach Müllerin-Art – hier wird sie mit **frischen Kräutern** und knackigen Frühlingszwiebeln gefüllt. Durch das sanfte Garen in der Folie bleiben die **Aromen perfekt** erhalten.

ZUBEREITUNGSZEIT: CA. 1 STD.
PRO PORTION: CA. 570 KCAL
FÜR 4 PERSONEN

4 küchenfertige Forellen à 300 g | Salz
1 Bund kleine zarte Frühlingszwiebeln
2 Bund glatte Petersilie
2 Bund Rucola
1 Bund Estragon
2 unbehandelte Zitronen
4 Knoblauchzehen
4 Schalotten
150 g Butter
schwarzer Pfeffer aus der Mühle
2 Zucchini
2–3 EL Öl

1 Ofen auf 180 °C Umluft (200 °C Ober-/Unterhitze) vorheizen. Die Forellen kalt abspülen, trockentupfen und von innen leicht salzen. Frühlingszwiebeln putzen, vom festen weißen Teil 4–5 cm lange Stücke schneiden, in kochendem Salzwasser 2 Min. blanchieren, kalt abspülen und beiseite stellen. Die langen grünen Teile längs halbieren und 30 Sek. blanchieren. Kalt abspülen und ebenfalls beiseite stellen.

2 Petersilie, Rucola und Estragon waschen und trockenschütteln, die Blättchen abzupfen. Von der Rucola die harten Stiele entfernen. Kräuter grob hacken. Die Zitronen heiß waschen, die Schale mit dem Zestenreißer abziehen und hacken. Die Zitronen halbieren und beiseite stellen. Knoblauch und Schalotten schälen und fein hacken.

3 Butter in Stückchen schneiden und zusammen mit den Kräutern, der Zitronenschale, Knoblauch und Schalotten pürieren. Je 1 TL Salz und Pfeffer untermischen. Die Zucchini waschen und längs in sehr dünne Scheiben hobeln.

4 Vier zum Umhüllen der Fische ausreichend große Stücke Alufolie mit Öl bepinseln. Die Forellen mit der Kräuterbutter füllen. Die Öffnung mit den weißen Frühlingszwiebelstücken »zustopfen«. Die Fische mit den blanchierten Streifen Zwiebelgrün zubinden. Auf jede Forelle 3–4 Zucchinistreifen schuppenförmig übereinander legen, mit etwas Öl einpinseln, leicht salzen und pfeffern.

5 Alupäckchen locker verschließen, Folienenden an den Kopf- und Schwanzseiten hochbiegen. Ofen auf 160 °C Umluft (180 °C Ober-/Unterhitze) zurückschalten, die Forellen darin etwa 20 Min. garen.

MEDITERRANE WÜRZVARIANTE
Rucola durch Basilikum ersetzen. Zusätzlich je 4 EL geröstete Pinienkerne und fein gehackte sonnengetrocknete Tomaten (in Öl eingelegt) untermischen. Die gefüllte Forelle mit Streifen von getrockneten Tomaten belegen.

Tunfisch in Sesamkruste mit Avocado-Chili-Dip

Sushifreunde wissen es längst: Tunfisch schmeckt **roh am besten** – oder wie hier, nur ganz kurz gebraten, umhüllt von einer nussigen **Sesamkruste** und mit einem scharfen Avocadodip gereicht.

ZUBEREITUNGSZEIT: CA. 30 MIN.
PRO PORTION: CA. 510 KCAL
FÜR 4 PERSONEN

FÜR DEN AVOCADO-CHILI-DIP

2 unbehandelte Limetten
2 große grüne Chilischoten
2 große reife Avocados (250 g)
100 g saure Sahne
Salz | grüner Pfeffer aus der Mühle
3–4 TL Wasabipaste

FÜR DEN TUNFISCH

4 Tunfischfiletstücke à 80–100 g
4–5 EL schwarzer Sesam
2–3 EL Erdnussöl

1 Für den Dip die Limetten heiß waschen. Die Schale mit dem Zestenreißer abziehen und fein hacken. Den Saft auspressen, 4 EL abmessen. Die Chilischoten längs aufschlitzen, die Trennwände und Samen entfernen, das Fruchtfleisch fein hacken.

2 Avocados halbieren, Kern entfernen. Das Fruchtfleisch aus der Schale heben, mit einer Gabel zerdrücken, sofort mit Limettensaft beträufeln. Avocadofleisch durch ein Sieb streichen, mit der sauren Sahne und den Limettenzesten – bis auf einen kleinen Rest – mischen. Salzen, pfeffern und mit Wasabi abschmecken. Den größten Teil der Chiliwürfel untermischen, den Rest mit den übrigen Zesten darüber streuen.

3 Tunfischstücke kalt abbrausen und trockentupfen. Sesam auf einen flachen Teller streuen, die Tunfischstücke von beiden Seiten fest hineindrücken, damit man eine durchgehende Sesamkruste bekommt. Erdnussöl stark erhitzen, Tunfischstücke von jeder Seite 30–45 Sek. braten. Die Mitte sollte unbedingt roh bleiben. Sofort servieren.

TIPP Zum Sesam-Tunfisch passt auch Wasabipüree oder die Kräuterpüree-Variante mit Minze und grüner Chili (beides Seite 135).

WÜRZVARIANTE MIT FRUCHTIG SCHARFEM INGWER
Schwarzen Sesam durch hellen, geschälten Sesam ersetzen. Etwa 30 g Ingwer schälen und sehr fein hacken. 2 EL abmessen und mit dem Sesam mischen.

Mit Samen und Trennwänden nimmt man Chilis einen Teil ihrer beißenden Schärfe.

Wenn man das Avocadofleisch durch ein Sieb streicht, ergibt sich eine sämige Paste.

Die Umhüllung mit schwarzem Sesam bildet einen attraktiven Farbkontrast.

Rotes Garnelencurry

Die thailändischen **Currypasten**, insbesondere die roten, sind höllisch scharf. Lieber sehr vorsichtig dosieren, beim Würzen mit **Teelöffelmengen** beginnen, und erst nach und nach steigern.

ZUBEREITUNGSZEIT: CA. 40 MIN.
PRO PORTION: CA. 200 KCAL
FÜR 4 PERSONEN

4–5 Frühlingszwiebeln | 2 Knoblauchzehen
1 Stück frischer Ingwer (20 g)
2 kleine rote Chilischoten | 1 große Fleischtomate
1/2 Bund Koriandergrün | 2 EL Öl
1 Dose Kokosmilch (400 ml)
2–3 TL rote Thai-Currypaste
2 TL Fischsauce | 2 TL brauner Zucker
1 EL Austernsauce | Limettensaft
400 g ausgelöste rohe Garnelenschwänze

1 Frühlingszwiebeln putzen, das Weiße fein hacken, das Grüne in Ringe schneiden. Knoblauch und Ingwer schälen, fein hacken. Chilischoten längs halbieren, Trennwände und Samen entfernen, das Fruchtfleisch fein hacken. Die Tomate überbrühen, häuten und entkernen, das Fruchtfleisch würfeln. Das Koriandergrün abbrausen, trockenschütteln und ohne die groben Stiele hacken.

2 Das Öl im Wok erhitzen, darin die gehackten Frühlingszwiebeln anschmoren, nach 30 Sek. den Ingwer zugeben, nach weiteren 30 Sek. den Knoblauch und unter Rühren anbraten. Mit Kokosmilch ablöschen. Currypaste, Fischsauce und Zucker einrühren. Alles aufkochen, mit etwas Austernsauce und ein paar Spritzern Limettensaft abschmecken. Tomaten und Frühlingszwiebelringe zugeben. Sobald die Sauce wieder köchelt, die Garnelen einlegen, etwa 3 Min. ziehen lassen. Mit Koriandergrün und Chiliwürfeln bestreuen und mit Basmatireis servieren.

Wer vor dem Kochen offene, danach die geschlossenen Muscheln entfernt, geht sicher, sich an dem zartaromatischen Fleisch zu erfreuen.

Muscheln besonders einfach und vier Mal anders

ZUBEREITUNGSZEIT: CA. 50 MIN.
FÜR 4 PERSONEN

BASISREZEPT

4 kg Miesmuscheln | 4 Knoblauchzehen
3–4 Zwiebeln (300 g) | Möhre
1 Stange Lauch (das Weiße)
3 EL Olivenöl
1 TL schwarze Pfefferkörner
2 Lorbeerblätter | 700 ml Weißwein
250 ml Brühe oder Fischfond
Salz | schwarzer Pfeffer aus der Mühle
6–8 EL gehackte Petersilie

Muscheln einige Minuten in kaltes Wasser legen; oben schwimmende, beschädigte und offene wegwerfen. Die übrigen gründlich bürsten, den Bart entfernen. Muscheln mehrfach kalt spülen. Knoblauch und Zwiebeln schälen, in Scheibchen schneiden. Möhre schälen, klein würfeln. Lauch putzen, in feine Scheiben schneiden. In einem großen Topf die Zwiebeln im Öl in 6–8 Min. glasig schmoren, Knoblauch 1 Min., Gemüse und Gewürze 3 Min. unter Rühren mitschmoren. Wein und Brühe zugießen, 5 Min. köcheln lassen. Salzen und pfeffern. Die Flüssigkeit aufkochen, Muscheln darin zugedeckt 4–5 Min. kochen, bis sie sich geöffnet haben, den Topf gelegentlich rütteln. Geschlossene Muscheln wegwerfen, die übrigen mit Sud in tiefe Teller geben. Mit Petersilie bestreuen.

1. GESCHMACKSERLEBNIS: ZITRONENGRAS & THAIBASILIKUM

4 Knoblauchzehen und 1 Zwiebel hacken. Von 4 Zitronengrasstängeln das Weiße in Scheiben schneiden. 2 große rote Chilischoten ohne die Samen fein hacken. Alles Gemüse (Basisrezept) in 2 EL Öl anschmoren, nach 3–4 Min. mit 700 ml Brühe oder Fischfond, 250 ml Reiswein und 2 EL Fischsauce ablöschen. 1/2 Bund gehacktes Thaibasilikum über die Muscheln streuen. Mit Reis servieren.

2. GESCHMACKSERLEBNIS: ANISÉE & SAHNE

Die Muscheln aus dem Sud (Basisrezept) heben und abgedeckt warm halten. Den Sud durch ein feines Sieb gießen und bei starker Hitze einkochen. 200 g Sahne einrühren (die Sauce sollte jetzt nicht mehr kochen). Die Sauce mit Salz, Pfeffer, 1 Prise Zucker und 2–3 EL Pernod abschmecken, über die Muscheln gießen und das Gericht mit gehackter Petersilie bestreuen.

3. GESCHMACKSERLEBNIS: KRÄUTER & PARMESAN

Ofen auf 200 °C Umluft (220 °C Ober-/Unterhitze) vorheizen, ein Backblech fetten. 4 Scheiben Toast zu Bröseln verarbeiten. 80 g Butter in Stückchen mit den Bröseln, 80 g geriebenem Parmesan, 2 durchgedrückten Knoblauchzehen sowie 1 Bund gehackter glatter Petersilie mischen, salzen und pfeffern. Von den Muscheln die oberen Schalen entfernen, auf das Muschelfleisch etwas Mischung streichen. Im heißen Ofen etwa 3 Min. goldbraun überbacken.

4. GESCHMACKSERLEBNIS: WALNÜSSE & OLIVEN

250 g gehackte Zwiebeln in 3 EL Olivenöl glasig schmoren. 1–2 Knoblauchzehen dazupressen. 100 g gehackte Oliven und 200 g gem. Walnüsse zugeben. 250 ml Weißwein angießen, die Sauce leicht dicklich einkochen lassen. 200 g Sahne einrühren, einkochen lassen. Salzen und pfeffern. 1 Bund gehackte glatte Petersilie untermischen. Muschelfleisch aus den Schalen lösen, in Mehl wenden. In Olivenöl kurz braten, mit der Sauce servieren.

Fischsuppe mit Fenchel und Safran

Zugegeben, die Zubereitung ist etwas langwierig. Aber der Aufwand lohnt sich garantiert: Denn diese Suppe ist wirklich vom Feinsten. Ein ebenso feiner Weißwein gehört aber unbedingt dazu, etwa ein Pouilly-Fuissé aus Frankreich.

ZUBEREITUNGSZEIT: CA. 1 STD.
PRO PORTION: CA. 535 KCAL
FÜR 6 PERSONEN

1 Suppengrün
3 kleine Zwiebeln
6 Gewürznelken
700 ml trockener Weißwein
1 l Fischfond
2 Lorbeerblätter
6 Wacholderbeeren
1 TL schwarze Pfefferkörner
1–2 Fenchelknollen (300 g)
2 Schalotten
1 mehlig kochende Kartoffel (150 g)
30 g Butter
250 ml Brühe
1/2 TL Safranfäden | Salz
5–6 Stängel Estragon
400 g Fischfilet (Lachs, Lengfischfilet, Seelachs)
8 Garnelenschwänze (roh, geschält, entdarmt)
200 g Sahne
weißer Pfeffer aus der Mühle
3–4 EL Pernod

1 Suppengrün putzen und klein würfeln. Zwiebeln schälen und mit den Gewürznelken spicken. Suppengrün und Zwiebeln mit Wein und Fond mischen, zusammen mit Lorbeerblättern, Wacholder und Pfefferkörnern auf die Hälfte einkochen. Inzwischen Fenchel putzen und klein würfeln, das Fenchelgrün fein hacken und beiseite stellen. Schalotten schälen und fein würfeln. Kartoffel schälen und würfeln.

2 Schalotten in der Butter anschwitzen, Fenchel dazugeben, 3 Min. unter Rühren schmoren, mit der Brühe ablöschen. Die Kartoffelwürfel zugeben und in etwa 15 Min. weich dünsten.

3 Safranfäden mit etwas Salz im Mörser zerreiben, in 2 EL heißem Wasser ziehen lassen. Estragon kalt abbrausen, trockenschütteln, die Blättchen abzupfen und fein hacken. Fischfilets und Garnelen kalt abspülen, trockentupfen, die Fischfilets in Stücke schneiden.

4 Weinbrühe abseihen. Fenchel-Kartoffel-Mischung fein pürieren und durch ein Sieb streichen. Mit der Safranmischung und der Sahne in die Weinbrühe rühren. Mit Pfeffer und Pernod abschmecken.

5 Fischstücke und Garnelen etwa 3 Min. in der sanft köchelnden Suppe ziehen lassen. Estragon untermischen. Die Suppe portionieren, mit Fenchelgrün bestreuen.

TIPP Jede Suppenportion zusätzlich mit 1 EL geschlagener Sahne garnieren. Dazu getoastete Baguettescheiben servieren.

Fenchel und Pernod verleihen dem edlen Fischsüppchen eine feine Anisnote, *deren dezente Süße durch die Sahne noch* unterstrichen *wird. Für die raffinierte Geschmacksbalance sorgen Safran und* Estragon.

Gefüllte Tintenfische

Calamari müssen keineswegs nur in dick panierten Ringen serviert werden: hier eine Variante mit kräftig aromatischer Knoblauch-Petersilien-Füllung.

ZUBEREITUNGSZEIT: CA. 1 STD.
PRO PORTION: CA. 465 KCAL
FÜR 4 PERSONEN

600 g küchenfertige kleine Calamari (oder 800 g Rohware, gesäubert wie in den Steps beschrieben)
4 Scheiben trockenes Vollkorn-Toastbrot
2 Bund glatte Petersilie
2 unbehandelte Zitronen
4 Knoblauchzehen
60 g blanchierte Mandeln
4–5 EL Olivenöl | 2 Eier
Salz | schwarzer Pfeffer aus der Mühle
Tabasco
150 ml Brühe
150 ml Noilly Prat

1 Von den Tintenfischen den Kranz mit den Fangarmen abschneiden und hacken. Beutel gründlich spülen und trockentupfen. Brot im Blitzhacker zu Bröseln verarbeiten. Petersilie waschen, trockenschütteln und hacken. 2 EL für die Garnitur beiseite stellen. Zitronen heiß waschen, die Schale mit dem Zestenreißer abziehen und hacken. 2–3 EL Saft auspressen. Knoblauch schälen und fein würfeln. Die Mandeln hacken.

2 3 EL Olivenöl erhitzen, Knoblauch und Zitronenzesten darin 1 Min. schmoren. Gehackte Tintenfischarme zugeben und 1–2 Min. mitbraten. Brotkrümel zugeben und unter Rühren hellbraun braten. Vom Herd nehmen. Petersilie und Mandeln untermischen. Eier leicht verschlagen, zugeben und alles zu einer feuchten, aber festen Masse verkneten. Salzen und pfeffern. Mit Zitronensaft und Tabasco abschmecken.

3 Tintenfischbeutel mit der Masse füllen, mit Holzzahnstochern zustecken. Im restlichen Olivenöl 2–3 Min. rundum anbraten. Mit Brühe und Noilly Prat ablöschen. Zugedeckt bei kleiner Hitze etwa 20 Min. garen, bis sich die Tintenfische leicht schneiden lassen. Aus der Pfanne nehmen und warm halten. Die Sauce etwas einkochen, nochmals abschmecken und über die Tintenfische träufeln. Mit Petersilie garnieren.

WÜRZVARIANTE MIT ROTWEIN, KORINTHEN & PIMENT
100 g Reis kochen, 4 EL Pinienkerne rösten. 200 g Zwiebelwürfel in Olivenöl glasig schmoren, 1 EL Zitronenzesten und die gehackten Fangarme mitbraten. Zwiebelmischung mit Reis, Pinienkernen, 3 EL Korinthen und 4 EL gehackter Petersilie vermengen, mit Salz, Pfeffer, Piment, Zitronensaft abschmecken. Nach dem Anbraten 150 ml kräftigen Rotwein, 150 ml Brühe und 2 TL Honig zugeben (Tintenfische färben sich rotbraun!), einkochen.

Von ungesäuberten Tintenfischen die Haut um die Beutel mit den Fingern abziehen.

Kopf, den Tintenbeutel, die Innereien und das Fischbein aus dem Beutel ziehen.

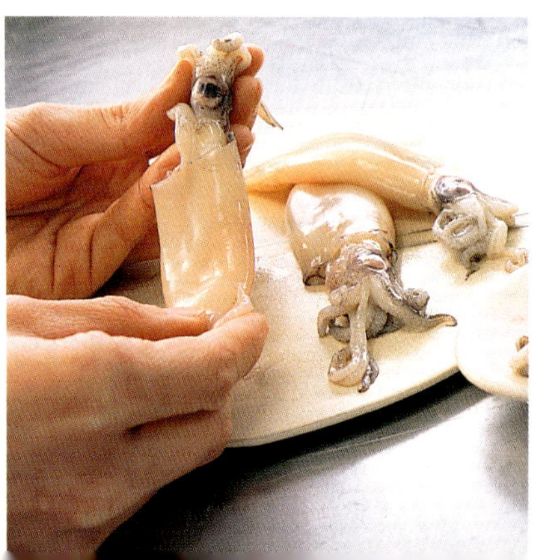

Die Tintenfischbeutel mit der Masse füllen und die Öffnung zustecken.

Auch wenn sich das Füllen anfangs als etwas kniffelig erweist, die ganz **kleinen Tintenfische** *sind einfach am besten und* **ungleich zarter** *als größere Exemplare.*

Fleisch hat von sich aus ein reiches Aroma. Durch die Art der Zubereitung wie Dünsten, Braten oder Schmoren und durch die Wahl der Gewürze sowie der **würzenden Zutaten** bekommt es zusätzlich Geschmack und gibt gleichzeitig sein eigenes Fleischaroma an die Zutaten ab, so dass sich das Ganze zu einem wundervollen, üppigen Geschmackserlebnis verbindet.

FLEISCH & GEFLÜGEL

Rindergulasch klassisch

Abhängig von der **Art des Fleisches** braucht Gulasch unterschiedlich lange, bis es zart ist. Ich schmore es lieber **etwas länger** oder bereite es im Voraus zu und wärme es nochmals kurz auf.

ZUBEREITUNGSZEIT: CA. 30 MIN.
GARZEIT: CA. 2 STD.
PRO PORTION: CA. 415 KCAL
FÜR 4 PERSONEN

1,2 kg Rindfleisch
500 g Zwiebeln
3–4 Knoblauchzehen
3 EL Butterschmalz
Salz | schwarzer Pfeffer aus der Mühle
1 EL Delikatesspaprika
Fleischbrühe
2–3 EL Tomatenmark
Cayennepfeffer

1 Fleisch in etwa 1,5 x 3 cm große Würfel schneiden. Zwiebeln schälen, halbieren und in Scheiben schneiden, Knoblauch schälen und in Scheibchen schneiden. Butterschmalz erhitzen, Zwiebeln in 6–7 Min. darin goldgelb anschmoren, dann die Knoblauchscheiben und nach 1 Min. das Fleisch zugeben und 4–5 Min. anbraten, dabei regelmäßig umrühren. Salzen, pfeffern, mit Paprikapulver bestauben und sofort mit Brühe ablöschen. Das Fleisch sollte knapp bedeckt sein.

2 Deckel auflegen und das Fleisch bei kleiner Hitze 1 1/2 – 2 (bis zu 2 1/2 Std.) weich schmoren. Eventuell während des Garens etwas Brühe nachgießen. Tomatenmark einrühren, das Gulasch mit Salz, Pfeffer und Cayennepfeffer abschmecken. Dazu passen Salzkartoffeln oder Knödel.

WÜRZVARIANTEN

1. Aromatisch fruchtig mit Rotwein & Koriander: Im Schmalz 2 EL Koriandersamen anrösten, bevor Zwiebeln und Fleisch zugegeben werden. Das angebratene Fleisch mit je 2 TL getr. Orangenschalen und Paprikapulver sowie etwas Cayennepfeffer würzen. Mit Rotwein und Brühe (1:1) ablöschen. 15 Min. vor Ende der Garzeit 2 gestiftelte Möhren zugeben. Orangen-Koriander (Seite 47) darüber mahlen. Dazu passen Spätzle.

2. Orientalisch mit Orangensaft & Aprikosen: 200 g getr. Aprikosen würfeln, 1 Std. einweichen. Das angebratene Fleisch mit je 2 TL Paprikapulver und frisch gem. Cumin sowie je 1/2 TL gem. Kardamom und Zimtpulver oder mit Baharat (Seite 69) würzen. Mit Orangensaft und Brühe (1:1) ablöschen. Die Aprikosen zugeben und mitschmoren. Dazu passt Basmatireis.

Tafelspitz in Zitronengrasbrühe mit Apfel-Wasabi-Dressing

Das zarte, fettarme Fleisch verträgt sich hervorragend mit **asiatischen Aromen!** Fleisch und Dressing schmecken übrigens **kalt und warm.**

ZUBEREITUNGSZEIT: CA. 45 MIN.
GARZEIT: 1 1/2–2 STD.
PRO PORTION: CA. 385 KCAL
FÜR 4 PERSONEN

FÜR DEN TAFELSPITZ

3 Zitronengrasstängel
1 Stück frischer Ingwer (60 g)
2 rote Chilischoten
1 Bund Koriander mit Würzelchen
4 Kaffirlimettenblätter
1,5 l Fleischbrühe
1 kg Tafelspitz
Salz | Fisch- oder Sojasauce

FÜR DAS APFEL-WASABI-DRESSING

1 unbehandelte Limette
500 ml Apfelsaft
1 EL brauner Zucker
1–2 EL Wasabipaste

1 Von dem Zitronengras nur die unteren kolbenförmigen 10 cm verwenden, harte Außenblätter entfernen, die Stängel dann längs halbieren und faserig klopfen. Ingwer schälen und in 2 mm dicke Scheiben schneiden. Chilischoten längs halbieren, die Trennwände und Samen entfernen. Koriander waschen, trockenschütteln, die Blättchen abzupfen und beiseite stellen. Die kleinen Wurzeln putzen und mit den Korianderstängeln, den Limettenblättern und dem übrigen Gemüse mit der Fleischbrühe aufkochen.

2 Das Fleisch kalt abspülen, in die kochende Brühe legen, Hitze stark drosseln und das Fleisch 1 1/2 – 2 Std. zugedeckt ziehen lassen. Entstehenden Schaum regelmäßig abschöpfen. Inzwischen für das Dressing die Limette heiß waschen. Schale mit dem Zestenreißer abziehen und fein hacken. Saft auspressen. Apfelsaft, Zucker und Limettensaft aufkochen, auf 125 ml reduzieren. Sirup abkühlen lassen, Limettenschale zugeben. Mit Wasabi verrühren.

3 Nach Ende der Garzeit das Fleisch aus der Brühe heben, in Alufolie wickeln und im 75 °C heißen Ofen warm halten. Die Brühe durch ein Sieb gießen, nach Belieben salzen, mit etwas Fisch- oder Sojasauce abschmecken, mit Korianderblättchen garniert als ersten Gang servieren.

4 Das Fleisch quer zur Faser in Scheiben schneiden, mit etwas Apfel-Wasabi-Dressing beträufeln und mit Korianderblättchen bestreuen.

TIPP Wer mag, ergänzt die Brühe mit einigen Glasnudeln bzw. japanischen Soba- oder Udonnudeln und fein streifig geschnittenen Möhren.

WÜRZVARIANTE MIT APFEL-MEERRETTICH
Wer es klassisch mit Apfel-Meerrettich mag, gibt in die Brühe 1 Bund geputztes und grob zerteiltes Suppengrün, 2 Lorbeerblätter, 4 Wacholderbeeren, 2 Gewürznelken und 10 schwarze Pfefferkörner. Der aufgeschnittene Tafelspitz wird mit etwas Brühe begossen und mit Schnittlauchröllchen bestreut. Dazu gibt es Kartoffeln und Apfel-Meerrettich. Für 4 Portionen 2 große Äpfel reiben, sofort mit 1 EL Apfelessig, 1 EL Zucker und etwas Salz mischen. 1/2 Stange frischen Meerrettich schälen, fein reiben und sofort mit dem Apfel mischen.

Die Zitronengrasbrühe *gibt während des langen Garens ihr* Aroma *an das Fleisch und nimmt gleichzeitig den würzigen Fleischgeschmack an. Sie wird als* erster Gang *vor dem Fleisch serviert.*

Rosa gebratenes Roastbeef

Ein besonders zartes Fleisch, das warm und kalt **gleichermaßen gut** schmeckt. Toll auch für **jedes Buffet!**

ZUBEREITUNGSZEIT: CA. 30 MIN.
GARZEIT: CA. 35 MIN.
PRO PORTION (BEI 10 PERSONEN): CA. 300 KCAL
FÜR 8–10 PERSONEN

2 kg Roastbeef am Stück vom Jungbullen
schwarzer Pfeffer aus der Mühle
Salz
50 g Butter
Öl für den Bratrost

1 Ofen auf 250 °C Ober- und Unterhitze vorheizen. Das Fleisch von Fett und Sehnen befreien. Kräftig pfeffern. Salzen erst direkt bevor es in den Ofen geschoben wird. Die obere Seite dick mit Butter bestreichen. Bratrost einölen. Das Fleisch auf den Rost legen (mittlere Schiene), salzen, die Fettpfanne darunter schieben. Das Fleisch 30 Min. braten.

2 Mit spitzem Schaschlikspieß oder Ähnlichem einstechen. Wenn Blut austritt, noch etwa 5 Min. weiterbraten und nochmals testen. Wenn klare Fleischsäfte austreten, das Fleisch aus dem Ofen nehmen und in Alufolie wickeln. 10 Min. ruhen lassen, dabei ein Mal wenden, damit sich die Säfte besser verteilen. Fleischsäfte auffangen und als Basis für die Sauce verwenden. Wenn das Roastbeef kalt gegessen wird, Fleischsäfte einfach einfrieren.

TIPP Dazu passen kleine, im Ganzen gebratene Kartöffelchen, die Honig-Senf-Creme (Seite 108) und diese **Kräutersauce:** Für 8–10 Portionen 150–200 g gemischte frische Kräuter (z. B. Petersilie, Kresse, Kerbel, Dill, Sauerampfer, Schnittlauch, Borretsch, Pimpinelle) fein hacken oder TK-Kräuter verwenden. 4 große hart gekochte Eier pellen. Eigelbe und Eiweiße trennen. Das Eiweiß fein hacken. 500 g griechischen Joghurt (10 % Fett) und 200 g Vollmilchjoghurt cremig verrühren, 1 EL Kräutersalz, 2 EL extrascharfen Senf, 2 EL Ahornsirup und etwas Pfeffer zugeben und gut mischen. Nach Belieben noch 1–2 Spritzer Süßstoff hinzufügen (je nach Säuerlichkeit der Joghurts). Die Eigelbe durch ein Sieb streichen und untermischen. Gehackte Kräuter und das Eiweiß zugeben. Alles gut mischen. Mit Pfeffer, Salz und Ahornsirup abschmecken und mit einzelnen Kräutern dekorieren.

Mit einem sehr scharfen Messer die Fettschicht und zähes Gewebe abschneiden.

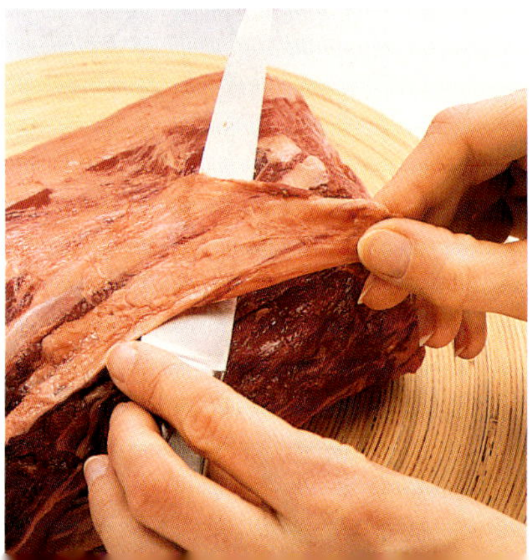

Das mit Butter bestrichene Fleisch evtl. nochmals mit grobem Pfeffer bestreuen.

Das fertig gebratene Roastbeef ist oben gut gebräunt und kross, innen zart und saftig.

Ingwer-Beef aus dem Wok

Ingwer und Chili geben Schärfe, von Ketchup Manis **kommt die Süße.** Sobald nach dem Marinieren alle Zutaten klein geschnitten sind, ist dieses köstliche Gericht in **Minutenschnelle** auf dem Tisch.

ZUBEREITUNGSZEIT: CA. 45 MIN.
MARINIERZEIT: CA. 1 STD.
PRO PORTION: CA. 390 KCAL
FÜR 4 PERSONEN

4 EL Ketchup Manis | 4–5 EL Sakewein
2 EL Sesamöl | 350 g Rinderfilet (oder Hüftsteak)
300 g Möhren | 120 g Glasnudeln
1 großes Stück frischer Ingwer
2–3 Knoblauchzehen | 1–2 rote Chilischoten
1/2 Bund Koriandergrün | 2 EL Erdnussöl
2 EL Ingwermarmelade (ersatzweise Mangochutney)
Salz

1 Je 1 EL Ketchup Manis, Sake und Sesamöl mischen. Das Fleisch in sehr dünne Scheiben schneiden, in der Mischung 1 Std. im Kühlschrank marinieren. Möhren schälen, in 4 cm lange Julienne schneiden. Nudeln mit kochendem Wasser begießen, 3 Min. ziehen lassen, kalt abschrecken und mit der Schere klein schneiden. Ingwer schälem, sehr fein hacken, 2 EL abmessen. Knoblauch schälen. Vom unteren Viertel der Chili(s) feine Ringe abschneiden, beiseite stellen. Übrige Schote(n) längs halbieren, Trennwände und Samen entfernen, das Fruchtfleisch fein würfeln. Koriander abbrausen und trockenschütteln, die Blättchen abzupfen.

2 Je 1 EL Sesamöl und Erdnussöl im Wok erhitzen. Ingwer und Chiliwürfel 1 Min. anbraten, Knoblauch dazupressen. Möhren zugeben und 1–2 Min. unter Rühren braten, mit restlichem Sake ablöschen. Restliches Ketchup Manis und Ingwermarmelade einrühren, etwas salzen. Dann die Glasnudeln untermischen. In einer anderen Pfanne 1 EL Erdnussöl stark erhitzen. Fleischscheiben trockentupfen, die Marinade zu den Nudeln geben. Fleisch sehr kurz sehr heiß braten (1/2 – 1 Min.), z. B. in einer gerillten Grillpfanne. Sofort über die Nudeln geben. Mit Chiliringen und Koriander bestreuen. Dazu passt Basmatireis.

Schweinebraten mit Kümmel

Ein Schweinebraten wird erst mit **Knödeln** und viel **Sauce** zum rundum vollen Genuss.

ZUBEREITUNGSZEIT: CA. 1 STD.
GARZEIT: CA. 1 STD. 30 MIN.
PRO PORTION: CA. 780 KCAL
FÜR 6 PERSONEN

1 1/2 kg Schweinebraten (aus der Keule) mit Schwarte
Salz | schwarzer Pfeffer aus der Mühle | 3 EL Öl
3 mittelgroße Möhren | 1/2 Sellerieknolle
3 große Zwiebeln (250 g) | 1 Lorbeerblatt
1 TL schwarze Pfefferkörner | 1 EL Kümmel
250 ml dunkles Bier (oder Malzbier)
1 EL Speisestärke

1 Backofen auf 180 °C Umluft (200 °C Ober-/Unterhitze) vorheizen. Die Schwartenseite des Bratens mit 1 l kochendem Wasser übergießen. Abtrocknen und mit einem scharfen Messer rautenförmig einritzen. Salzen, pfeffern und etwa 10 Min. von allen Seiten in einem Bräter im heißen Öl anbraten. In den heißen Ofen schieben und etwa 30 Min. offen garen. Inzwischen das Gemüse schälen und grob schneiden, zusammen mit den Gewürzen zum Braten geben. Diesen weitere 90 Min. garen, dabei regelmäßig mit etwas Bier begießen. Falls die Kruste nicht knusprig genug ist, für die letzten Minuten den Grill einschalten.

2 Das Fleisch herausheben, locker in Alufolie einschlagen und kurz ruhen lasen. Den Fond mit etwas Wasser ablöschen und aufkochen, salzen und pfeffern. Stärke mit wenig kaltem Wasser glatt rühren, in den Fond geben und noch einmal kurz aufkochen lassen. Den Braten aufschneiden und mit der Sauce servieren. Dazu passen Semmelknödel oder Kartoffelklöße und Sauerkraut.

WÜRZVARIANTEN

1. Mit aromatisch mild gewürzter Gemüse-Sahnesauce: Das angebratene Fleisch mit einigen Gewürznelken spicken. Kümmel durch 2 TL Pimentkörner und das Bier durch Orangensaft ersetzen. Das Wurzelgemüse zum Schluss durchpassieren und mit 200 g Sahne unter den Fond rühren. Mit Ingwerpulver sowie etwas gem. Kardamom und Zimtpulver abschmecken – oder mit Harvest Spice (Seite 72).

2. Mit scharfsüßer Pflaumensauce: Statt Wurzelgemüse die doppelte Menge Zwiebeln nehmen und den Braten mit Apfelsaft begießen. Während des Garens 200 g weiche Backpflaumen in 500 ml Apfelsaft einweichen. Fond durch ein Sieb gießen. Zwiebeln und Pflaumen fein pürieren, durchpassieren und zum Fond geben. Mit Brühe aufgießen, bis die gewünschte Konsistenz erreicht ist. Mit Salz, Pfeffer, Piment, Muskatnuss und Cayennepfeffer oder mit Levantinischer Pfeffermischung (Seite 71) pikant abschmecken.

Für eine Gemüse-Sahnesauce, das mitgeschmorte Gemüse durch ein Sieb streichen.

Scharfe und süße Aromen vereinen sich in der Sauce aus Zwiebeln und Backpflaumen.

Der Klassiker aus Bayern in Reinform: saftig-zartes Fleisch unter würziger Kruste, *die ihre Knusprigkeit dem* Bier *verdankt. Darum nicht vergessen, den Braten damit regelmäßig zu begießen.*

Aus Resten *von Roastbeef, Schweinebraten oder Hühnchen lässt sich schnell ein neues* Geschmackserlebnis *mit einer dieser vier* köstlichen Saucen *zaubern, die darüber hinaus auch* gut *zu kurz gebratenen Hähnchenfilets oder zu Schweinekoteletts passen.*

Portweinsauce

Eine superschnelle Sauce, die etwas hermacht. Lecker zu Ente oder Schwein.

ZUBEREITUNGSZEIT: CA. 15 MIN.
PRO PORTION: CA. 220 KCAL | FÜR 4 PERSONEN

30 g Butter | 200 g Johannisbeergelee | 6 EL Portwein | 4 EL Balsamico
Salz | schwarzer Pfeffer aus der Mühle | 1 Msp. gem. Piment

Die Butter in kleine Stücke schneiden und kurz ins Tiefkühlfach stellen. Gelee mit Portwein und Balsamico aufkochen, salzen, pfeffern, 3–4 Min. köcheln lassen. Nach und nach die eiskalte Butter mit dem Schneebesen unterschlagen. Die Sauce mit Piment abschmecken.

WÜRZVARIANTEN
1. Scharf mit Ingwer: Statt mit Piment auch mal mit fruchtig scharfem Ingwerpulver abschmecken.
2. Fruchtig herb mit Olivenöl: Diese Sauce kann man auch als Vinaigrette herstellen: Gelee, Portwein, Balsamico, Salz und Pfeffer verrühren. Tropfenweise 3 EL Olivenöl unterschlagen. Schmeckt zu Rucola und Feldsalat sowie zu kaltem Braten.

Mango-Limetten-Sauce

Auch diese Sauce ist schnell zubereitet, schmeckt heiß und kalt, besonders gut zu Geflügel.

ZUBEREITUNGSZEIT: CA. 20 MIN.
PRO PORTION: CA. 210 KCAL
FÜR 4 PERSONEN

1 unbehandelte Limette
2 butterweiche, reife Mangos
(ca. 500 g Fruchtfleisch)
50 g blanchierte Mandeln
100 g Schmand
Salz | schwarzer Pfeffer aus der Mühle
Cayennepfeffer

Die Limette heiß waschen. Die Schale fein abreiben, 2 EL Saft auspressen. Die Mangos schälen, das Fruchtfleisch dicht am Kern abschneiden und grob hacken. Die Mandeln im Mixer sehr fein mahlen. Mangostücke, Limettensaft, gemahlene Mandeln und Schmand im Mixer zu einer glatten cremigen Sauce verarbeiten. Mit Salz, Pfeffer und etwas Cayennepfeffer abschmecken, mit Limettenschale bestreuen.

Orangensauce

Eine konzentriert fruchtige Sauce, die mit grünem Pfeffer, Cayennepfeffer und Kresse dreifach scharf gemacht wird und in eher kleiner Menge zu Nudeln und Fisch passt.

ZUBEREITUNGSZEIT: CA. 30 MIN.
PRO PORTION: CA. 110 KCAL
FÜR 4 PERSONEN

400 ml frisch gepresster Orangensaft
1 EL brauner Zucker | 1 unbehandelte Orange
1 TL getr. grüner Pfeffer
3 EL Olivenöl | Salz | Cayennepfeffer
etwas Kresse oder Schnittlauch

Orangensaft mit Zucker auf 150 ml einkochen. Orange heiß waschen, mit dem Zestenreißer Streifen abziehen und fein hacken. Den grünen Pfeffer im Mörser zerdrücken, mit den Zesten mischen. Das Olivenöl langsam mit dem Schneebesen unter den reduzierten Saft schlagen, bis eine cremige Sauce entsteht. Die Pfeffermischung unterrühren, mit Salz und 1 Prise Cayennepfeffer abschmecken. Mit Kresse oder Schnittlauchröllchen bestreuen.

Fruchtig scharfe Mandelsauce

Eine wirklich fixe Sauce, die man auch dann noch machen kann, wenn das Essen fast fertig ist. Sie passt zu Safranreis, Couscous, Geflügel, Ente und Schweinefleisch.

ZUBEREITUNGSZEIT: CA. 10 MIN.
PRO PORTION: CA. 240 KCAL
FÜR 4 PERSONEN

100 g Mandelblättchen | 250 ml Orangensaft
1 EL konzentrierter Hühnerfond
75 g Crème fraîche
Orangen-Pfeffer (Seite 47)
Cayennepfeffer

Mandelblättchen im Mixer fein mahlen. Orangensaft mit Fond aufkochen. Mandeln einstreuen, leicht cremig einkochen. Crème fraîche einrühren, mit Orangen-Pfeffer und Cayennepfeffer pikant scharf abschmecken.

WÜRZVARIANTE MIT INGWER & ZIMT
Statt Cayennepfeffer Ingwerpulver und eine Prise Zimtpulver verwenden – oder Ras el Hanout (Seite 70).

Geschmortes Lamm mit Safran und Aprikosen

Lamm verträgt sich gut mit süßen wie mit **pikanten Zutaten.** Diese Kombination mit getrockneten Aprikosen, Mandeln, Safran und anderen aromatischen Gewürzen ist absolut **unwiderstehlich!**

ZUBEREITUNGSZEIT: CA. 1 STD. 10 MIN.
EINWEICHZEIT: 2–3 STD.
GARZEIT: CA. 1 STD. 30 MIN.
PRO PORTION: CA. 765 KCAL
FÜR 4 PERSONEN

300 g getr. Aprikosen
1 l Lammfond
1 kg Lammfleisch aus der Keule
400 g Zwiebeln
3 große Knoblauchzehen
1 TL Safranfäden
Salz | schwarzer Pfeffer aus der Mühle
30–40 g Butterschmalz
2 TL gem. Cumin
1 TL gem. Kardamom
500 g Möhren
Cayennepfeffer
150 g blanchierte Mandeln
1 Bund Petersilie

1 Die Aprikosen würfeln und in lauwarmem Wasser 2–3 Std. einweichen. Lammfond auf 250 ml einkochen. Das Lammfleisch in 3 cm große Würfel schneiden. Zwiebeln und Knoblauch schälen und grob würfeln. Safranfäden im Mörser mit etwas Salz verreiben und in 1 EL warmem Wasser ziehen lassen.

2 Fleischwürfel salzen, pfeffern und im heißen Butterschmalz 5 Min. von allen Seiten anbraten, Zwiebeln zugeben, 3–4 Min. unter Rühren weiterbraten, dann den Knoblauch 1 Min. mitschmoren. Aufgelösten Safran und Gewürze zugeben, gut untermischen, mit Lammfond ablöschen und mit dem Einweichwasser der Aprikosen so auffüllen, dass das Fleisch knapp bedeckt ist. Deckel auflegen und bei kleiner Hitze etwa 1 1/2 Std. schmoren lassen.

3 Inzwischen die Möhren schälen, längs halbieren und schräg in knapp 1 cm dicke Stücke schneiden. Mit den Aprikosen zum Fleisch geben, eventuell etwas Flüssigkeit nachgießen und 15–20 Min. weitergaren, bis Fleisch und Möhren weich sind. Mit Salz, Pfeffer und Cayennepfeffer abschmecken. Mandeln nach Belieben längs halbieren und in einer Pfanne ohne Fett rösten, bis sie goldgelb sind. Petersilie waschen, trockenschütteln und die Blättchen abzupfen. Den fertigen Lammtopf mit Mandeln und Petersilie garnieren.

WÜRZVARIANTEN

1. Süßlich scharf und aromatisch mit Pflaumen, Ingwer & Zimt: Aprikosen durch getrocknete Pflaumen ersetzen, die in Apfelsaft eingeweicht werden. Zusammen mit den Zwiebeln 2 EL gehackten Ingwer anschmoren und nach dem Ablöschen 1 Zimtstange mitkochen lassen. Mit Zimt- und Ingwerpulver sowie Cayennepfeffer abschmecken. Mit Petersilie bestreuen.

2. Mediterran mit Rotwein & Salbei: 4 Salbeiblätter, die Nadeln von 2 Rosmarinzweigen, 3 Knoblauchzehen und 100 g Schalotten fein hacken. Fleisch anbraten, Knoblauch und Schalotten 2 Min. mitbraten, dann Salbei und Rosmarin zugeben. Mit 300 ml Rotwein und 150 ml Brühe aufgießen und mit 2 Lorbeerblättern schmoren. Zum Schluss 500 g gehäutete, entkernte Tomaten würfeln und unterheben. Mit geriebener Muskatnuss abschmecken. 30 g Pinienkerne trocken goldgelb rösten, 8 Salbeiblätter in Butter braten. Beides über das Fleisch streuen.

Die einzelnen Gewürze in diesem Gericht kann man durch Hawayij (Seite 69) **ersetzen,** *einer ausgewogenen* **Gewürzmischung** *aus dem Jemen. Als Beilage zu dem üppig-aromatischen Schmorlamm passt der marokkanische Couscous von Seite 129 oder* **Fladenbrot.**

Lammkeule mit Kräuterkruste

Alle **mediterranen Aromen** finden in dieser Lammkeule zusammen.

ZUBEREITUNGSZEIT: CA. 1 STD. 10 MIN.
GARZEIT: CA. 1 STD. 45 MIN.
PRO PORTION (BEI 6 PERSONEN): CA. 675 KCAL
FÜR 4–6 PERSONEN

1 Lammkeule (1,5–1,8 kg)
6 Knoblauchzehen
1 unbehandelte Zitrone | Salz
8 EL Olivenöl
1 Bund glatte Petersilie
1/2 Bund Basilikum
1/2 Bund Thymian
3 Zweige Rosmarin
6 Salbeiblätter
4–5 Scheiben trockenes Vollkorn-Toastbrot (100–125 g)
schwarzer Pfeffer aus der Mühle
3 große Fleischtomaten (500 g)

1 Lammkeule von Fett und Häuten befreien, kalt abspülen und trockentupfen. Mit einem spitzen Messer ringsherum 12 kleine Einschnitte machen. 3 Knoblauchzehen schälen, längs vierteln und in die Einschnitte stecken. Zitrone heiß waschen, die Schale abreiben, 2 EL Saft auspressen.

2 Den Ofen auf 160 °C Umluft (180 °C Ober-/Unterhitze) vorheizen. Lammkeule salzen und mit 1 EL Zitronensaft einreiben. In einem Bräter in 4 EL Olivenöl etwa 15 Min. von allen Seiten anbraten. Den Bräter in den Ofen stellen, die Keule etwa 1 1/2 Std. garen.

3 Inzwischen die Kräuter waschen, trockenschütteln, von den Stielen zupfen und fein hacken. Brot grob zerteilen und im Mixer zu Krümeln verarbeiten. Kräuter, Brot, restliches Olivenöl, restlichen Zitronensaft und die -schale zu einer Paste verarbeiten. Übrigen Knoblauch schälen und dazupressen, mit Salz und Pfeffer abschmecken.

4 Die Tomaten waschen und grob würfeln. Backofentemperatur auf 200 °C Umluft (220 °C Ober-/Unterhitze) schalten. Die Paste gleichmäßig auf die Keule streichen, Tomatenwürfel neben der Keule verteilen. Die Lammkeule in weiteren 15 Min. knusprig überbacken, während der letzten 5 Min. eventuell den Grill dazuschalten.

WÜRZVARIANTE MIT PARMESANKRUSTE

3 EL getr. Kräuter der Provence im Mörser fein verreiben, mit 2 EL Olivenöl mischen und gleich nach dem Anbraten auf der Keule verstreichen. Inzwischen 100 g Weißbrot, 1 Bund glatte Petersilie, 3 Knoblauchzehen, 2 EL Olivenöl, Saft und Schale von 1/2 unbehandelten Zitrone mit 100 g frisch geriebenem Parmesan zu einer Paste verarbeiten, auf der fast fertigen Keule verteilen und für 15 Min. bei 200 °C Umluft (220 °C Ober-/Unterhitze) knusprig überbacken.

Zu dieser würzigen Lammkeule schmecken grüne Bohnen, *gebratene Champignons und Kartoffelgratin – oder auch das Kartoffelpüree mit schwarzen Oliven von Seite 135. Ein samtiger, fülliger* Rotwein, *beispielsweise ein* Lagrein Dunkel *aus Italien, macht das Ganze rund.*

Involtini, die unwiderstehlichen Röllchen voller Geschmack. Klassisch werden sie aus zartem Kalbsschnitzel gerollt – bei uns kommt Putenbrustfilet zum Einsatz. Ganz raffiniert: in Scheiben geschnitten als leckeres Party-Fingerfood.

Involtini besonders einfach und vier Mal anders

ZUBEREITUNGSZEIT: 30–40 MIN.
GARZEIT: 15–20 MIN.
FÜR 4 PERSONEN

BASISREZEPT

8 Putenschnitzel à 80 g
Salz | schwarzer Pfeffer aus der Mühle
2 EL Öl

Die Putenschnitzel zwischen 2 Klarsichtfolien mit dem Fleischhammer flach klopfen, bis die Schnitzel möglichst gleich groß und sehr dünn sind. Das Fleisch salzen und pfeffern, nach Rezept würzen und füllen. Fest aufrollen, darauf achten, dass die Füllung gut eingeschlossen ist, mit einem Holz-Zahnstocher feststecken. Öl in einer Pfanne erhitzen, die Röllchen darin 6–8 Min. von allen Seiten anbraten. Den Deckel auflegen, die Hitze reduzieren. Die Röllchen bei kleiner bis mittlerer Hitze 15–20 Min. garen, aus der Pfanne nehmen und warm stellen.

1. GESCHMACKSERLEBNIS: **MEERRETTICH**

Putenschnitzel mit 8–12 TL Meerrettich (Glas) bestreichen. 8 Scheiben Serranoschinken und 16 Salbeiblätter darauf verteilen. Aufrollen und braten wie im Basisrezept beschrieben. Bratsatz mit 100 ml Sherry medium ablöschen. 200 g Sahne zugießen, etwas einkochen lassen. Mit Salz und Pfeffer abschmecken. Dazu passt Baguette.

2. GESCHMACKSERLEBNIS: **CURRY**

Putenschnitzel mit 3–4 TL milder Currypaste oder Currypaste »medium-hot« (Glas) bestreichen. Aufrollen und braten wie im Basisrezept beschrieben. Bratsatz mit 50 ml Brühe ablöschen, 200 g Sahne und 150 g Mangochutney einrühren. Das Gericht mit Salz, Pfeffer und Currypulver abschmecken. Dazu passt Reis.

3. GESCHMACKSERLEBNIS: **BASILIKUM & PARMESAN**

150 g Schalotten und 2 Knoblauchzehen fein hacken, in 2 EL Olivenöl weich schmoren. Mit 2 Bund fein gehacktem Basilikum mischen, auf die Schnitzel streichen. 100 g Parmesanspäne darauf verteilen. Schnitzel aufrollen und braten wie im Basisrezept beschrieben. Bratsatz mit 100 ml Brühe und 200 ml Weißwein ablöschen, auf die Hälfte einkochen. 3–4 EL Olivenöl nach und nach unterschlagen. Mit Basilikum bestreuen. Dazu passt Polenta.

4. GESCHMACKSERLEBNIS: **GORGONZOLA & WALNÜSSE**

300 g Gorgonzola mit der Gabel zerdrücken, mit 200 g Frischkäse mischen, pfeffern. Zwei Drittel der Mischung mit 100 g gehackten Walnüssen vermengen. Die Schnitzel damit bestreichen, aufrollen und braten wie im Basisrezept beschrieben. Bratsatz mit 200 ml Brühe ablöschen, restliche Käsemischung einrühren, mit 80 ml Grappa und Pfeffer abschmecken. Involtini mit gehackter Petersilie bestreuen. Dazu passen Rösti.

Zu dem saftigen Geflügelgericht passen **gegrillte Polenta-Ecken** *(Bildtext Seite 131), und aus Resten wird leckeres Fastfood: Fleisch in Streifen schneiden, in der Sauce erwärmen und* **in warme Pittataschen** *füllen.*

Tomatenhähnchen mit Orangen-Gremolata

Die **leichte Säure** der Tomaten verträgt sich wunderbar mit dem Aroma von Orangen und wird durch zarten **Akazienhonig** ausgeglichen.

In der Gremolata vereinen sich frische und scharfe Aromen.

Das Fleisch scharf anbraten, damit sich die Poren schließen.

Zwiebeln und Ingwer mit Knoblauch und Chili würzen.

Die Tomaten mit Orangenschale, Honig, Zimt verfeinern.

ZUBEREITUNGSZEIT: CA. 50 MIN.
PRO PORTION: CA. 340 KCAL
FÜR 4 PERSONEN

FÜR DIE ORANGEN-GREMOLATA

1 große unbehandelte Süßorange
1 Bund glatte Petersilie
2 Knoblauchzehen
2 TL rosa Pfefferbeeren (Schinus)

FÜR DAS HÄHNCHEN

4 Hähnchenfilets à 160–170 g
3 Knoblauchzehen | 1 große Zwiebel (100 g)
50 g frischer Ingwer | 1 rote Chilischote
1 Bund glatte Petersilie
3 EL Olivenöl | 800 g Pizzatomaten
2 EL Akazienhonig
2 TL getr. Orangenschalen (Seite 46)
1/2 – 1 TL Zimtpulver
Salz | schwarzer Pfeffer aus der Mühle

1 Für die Gremolata die Orange heiß waschen, die Schale fein abreiben. Petersilie waschen, trockenschütteln, die Blättchen abzupfen und sehr fein hacken. Den Knoblauch schälen und zwei Mal durch die Presse drücken. Rosa Pfefferbeeren im Mörser fein zerstoßen. Alles gut mischen.

2 Filets kalt waschen, trockentupfen. Knoblauch und Zwiebel schälen, die Zwiebeln mittelfein hacken. Ingwer schälen und sehr fein hacken, 3 EL abmessen. Chilischote aufschlitzen, die Samen entfernen, Schote sehr fein hacken. Petersilie waschen, trockenschütteln und grob hacken.

3 Hähnchenfilets in 1 EL Öl von jeder Seite 2–3 Min. scharf anbraten, herausnehmen und warm stellen. Zwiebeln in 2 EL Öl in 5 Min. glasig schmoren. Ingwer zugeben, 2–3 Min. unter Rühren mitschmoren. Knoblauch dazupressen, alles noch etwa 1 Min. weiterschmoren, dann die Chilistückchen zugeben. Alles mit den Pizzatomaten ablöschen. Honig, Orangenschalen und Zimt untermischen, das Gericht mit Salz und Pfeffer abschmecken. Hähnchenfilets einlegen. Mit Orangen-Gremolata bestreuen.

Marokkanisches gefülltes Hähnchen

In diesem Gericht vereinen sich die **Aromen des Orients.** Ein etwas aufwändigeres Essen für einen besonderen Anlass und kühlere Abende, an denen die verwendeten Gewürze **wohlige Wärme** verbreiten.

ZUBEREITUNGSZEIT: CA. 1 STD. 10 MIN.
GARZEIT: CA. 1 STD.
PRO PORTION: CA. 700 KCAL
FÜR 4 PERSONEN

FÜR DIE FÜLLUNG

200 g getrocknete Aprikosen
1–2 Zwiebeln (120 g)
2 Knoblauchzehen
Saft + Schale von 1 unbehandelten Zitrone
Saft + Schale von 1 1/2 unbehandelten Orangen
50 g Pinienkerne
1 Bund glatte Petersilie
2 EL Olivenöl
2 TL Honig
1/4–1/2 TL gem. Cumin
1/4–1/2 TL gem. Koriander
1/4–1/2 TL getr. Orangenschalen (Seite 46)
1/4–1/2 TL gem. Ingwer
1/4 TL gem. Kardamom
1 Prise Cayennepfeffer
Salz | schwarzer Pfeffer aus der Mühle

FÜR DAS HÄHNCHEN

1 großes Hähnchen aus Freilandhaltung
3 EL Olivenöl
Saft von 1/2 Orange
2 EL Honig
1/2 TL gem. Cumin
1/2 TL gem. Koriander
1/2 TL getr. Orangenschalen (Seite 46)
1/2 TL gem. Ingwer
1/4 TL gem. Kardamom
1 Prise Cayennepfeffer

1 Für die Füllung die Aprikosen fein hacken. Zwiebeln und Knoblauch schälen und getrennt fein hacken. Orangen und Zitrone heiß waschen, Schale hauchdünn abschälen und fein hacken. Saft auspressen. Pinienkerne in einer Pfanne ohne Fett goldgelb rösten. Petersilie waschen, trockenschütteln und grob hacken.

2 Zwiebeln in 2 EL Öl 4–5 Min. glasig schmoren. Knoblauch dazugeben, 1–2 Min. mitschmoren. Die gewürfelten Aprikosen zugeben, weiterschmoren, dann mit dem Orangen- und Zitronensaft ablöschen. Honig, Gewürze, Orangen- und Zitronenschalen zugeben. Mit Salz und Pfeffer abschmecken. Unter gelegentlichem Rühren schmoren, bis der Saft eingekocht ist. Die Masse abkühlen lassen, Pinienkerne und Petersilie untermischen.

3 Für das Hähnchen den Ofen und ein Backblech auf 200 °C Umluft (220 °C Ober-/Unterhitze) vorheizen. Das Hähnchen innen und außen waschen, trockentupfen und salzen. Mit der Aprikosenmischung füllen und fest zubinden. Das Hähnchen mit etwas Olivenöl einpinseln, das restliche Öl auf das heiße Backblech geben (zweite Schiene von unten). Das Hähnchen mit der Brustseite nach oben etwa 5 Min. anbraten, dann umdrehen und weitere 5 Min. braten.

4 Inzwischen den Honig mit Orangensaft und Gewürzen mischen. Das Hähnchen wieder umdrehen (Brustseite nach oben), mit Honigmischung einpinseln und etwa 1 Stunde braten. Dabei ab und zu mit dem heruntertropfenden Saft bepinseln. Dazu passen Couscous (Seite 128) oder Aprikosenreis (Seite 123) und Mandelsauce (Seite 178).

TIPPS Statt der einzelnen Gewürze für die Füllung 1–2 TL und für das Hähnchen 2 TL Marokkanisches Honiggewürz (Seite 73) nehmen.
Eine schnellere Variante: Die Füllung wie beschrieben zubereiten. Die Hähnchenbrustfilets waschen und trockentupfen. Seitlich eine Tasche hineinschneiden. Je 1–2 EL Füllung hineingeben, das Fleisch mit einem Zahnstocher zustecken. Die gefüllten Hähnchenfilets in Butterschmalz von jeder Seite in 5–6 Min. goldbraun braten.

Wer bei diesem Gericht einmal **andere Würzwege** *einschlagen möchte, nimmt statt der einzelnen Gewürze für die Füllung und das Hähnchen jeweils 1–2 bzw. 2 TL* **milderes Persisches Rosengewürz** *(Seite 73) und ersetzt Honig und Zitrusfrüchte durch Granatapfelsirup und braunen Zucker.*

Dieses Wokgericht mit seiner Aromenvielfalt ist wahrlich eine Sünde wert *– auch für diejenigen, die auf reichlich* Schärfe *eher empfindlich reagieren: Einfach eine Chilischote* weniger *nehmen, und das Gericht nur mit einem kleinen Spritzer Chilisauce* abschmecken.

Entenbrust aus dem Wok

Fruchtig-säuerliche, würzige, süße und scharfe Geschmackskomponenten vereinen sich in diesem Gericht. Vom Fleisch wird alles überflüssige Fett entfernt, es bleibt nur köstlicher Geschmack.

ZUBEREITUNGSZEIT: CA. 1 STD.
PRO PORTION: CA. 630 KCAL
FÜR 4 PERSONEN

3 Stangen zarter Lauch
1 großes Stück frischer Ingwer (40 g)
3 Barbarie-Entenbrüste à ca. 300 g
1 frische Ananas (ca. 600 g Fruchtfleisch)
2 rote Chilischoten
Salz | schwarzer Pfeffer aus der Mühle
3–4 EL Limettensaft
3–4 EL Ketchup Manis
3–4 EL süße Chilisauce

1 Lauch putzen und waschen, die festen weißen und hellgrünen Teile in schmale Ringe schneiden. 3–4 Ringe beiseite stellen. Ingwer schälen und fein hacken, 3 EL abmessen. Die Entenbrüste waschen und trockentupfen. Die Fettseite vorsichtig von der Fleischseite trennen, dabei mit einem spitzen Messer die verbindenden Häutchen einritzen, und die Fettseite immer etwas weiter vom Fleisch ablösen.

2 Das Fett in 5 mm große Würfel schneiden, im Wok etwa 15 Min. auslassen, dabei aber nicht zu dunkel werden lassen. Inzwischen die Ananas schälen, längs achteln, den Strunk entfernen, das Fruchtfleisch in dünne Scheiben schneiden. Grieben auf Küchenpapier entfetten. Das Entenfett aus dem Wok in ein Gefäß gießen und löffelweise wieder verwenden. Chilis längs aufschlitzen, Trennwände und Samen entfernen, das Fruchtfleisch fein würfeln.

3 Das Entenfleisch in dünne Scheibchen schneiden, in 2 TL heißem Entenfett in etwa 4 Min. knusprig braten. Aus dem Wok nehmen, salzen, pfeffern und warm stellen. Ingwer in 2 TL Entenfett 1 Min. anbraten, Ananas dazugeben, 3–4 Min. unter Rühren braten. Aus dem Wok nehmen und warm halten.

4 Lauchringe und die Hälfte der Chiliwürfel in 2 TL Entenfett anbraten, nach 1–2 Min. das Fleisch und die Ananas zurück in den Wok geben. Limettensaft und Ketchup Manis zugeben, alles gut mischen. Mit Chilisauce scharf-pikant abschmecken. Mit Lauchringen, den restlichen Chiliwürfeln und den ausgebackenen Grieben bestreuen.

WÜRZVARIANTEN

1. Mit Garam Masala: Lauch durch das Weiß zarter Frühlingszwiebeln ersetzen, Ananas durch säuerliche Äpfel und Sultaninen. Mit Limettensaft, braunem Zucker, Cayennepfeffer und Garam Masala (fertig gekauft oder Rezept Seite 69) würzen. Mit in dünne Röllchen geschnittenem Frühlingszwiebelgrün bestreuen.

2. Variante Omelett-Wrap: Entenbrust wie im Hauptrezept beschrieben zubereiten, aber nur je 1 EL Limettensaft und Ketchup Manis untermischen. Übrigen Limettensaft, Ketchup Manis und Chilisauce verrühren. 4 Eier mit Salz, Pfeffer, 2 EL Wasser und 2 EL Sojasauce mit dem Schneebesen verrühren. 8 kleine dünne Omeletts daraus backen. 8 Salatblätter waschen, trockentupfen. In jedes Salatblatt 1 Omelett legen, darauf 2 EL Fleischmischung und ein paar Grieben geben. Aufrollen, mit dem Dip servieren.

Ein Dessert ist der krönende Abschluss eines jeden guten Essens und nur zu steigern durch eine Auswahl vieler verschiedener Desserts. Ob Schokotörtchen, karamellisierte Früchte, Orangenschaum oder Parfait – alles lässt sich wunderbar miteinander kombinieren.

DESSERTS

Dunkle Chili-Mousse

Herbbittere Schokolade, kräftiger Espresso und eine großzügige Prise Cayennepfeffer verbinden sich hier zu einem aufregenden Dessert-Erlebnis mit Schärfe-Kick.

ZUBEREITUNGSZEIT: CA. 30 MIN.
KÜHLZEIT: CA. 6 STD.
PRO PORTION: CA. 355 KCAL
FÜR 6 PERSONEN

200 g sehr gute dunkle Schokolade (70–75 % Kakao)
2 Eier | 50 g Zucker | Salz
200 g Sahne
1 EL Vanillezucker (Tipp Seite 57)
2 EL sehr starker Espresso
2 EL Grappa
1–2 Msp. Cayennepfeffer

1 Die Schokolade in Stückchen brechen und im heißen Wasserbad schmelzen. Abkühlen lassen, bis die Schokolade nur noch lauwarm ist. Inzwischen die Eier trennen. Eiweiße steif schlagen und kühl stellen. In einer zweiten Schüssel das Eigelb mit dem Zucker und 1 kleinen Prise Salz schaumig rühren, bis die Masse cremig und hell ist. Sahne steif schlagen, Vanillezucker einrieseln lassen.

2 Eigelbcreme in die Schokolade mischen, Espresso, Grappa und 2 gute Prisen Cayennepfeffer zugeben, rühren, bis sich alles verbunden hat. Die geschlagene Sahne unterheben und zum Schluss das Eiweiß. Die Creme im Kühlschrank fest werden lassen, zum Servieren mit zwei Esslöffeln Nocken abstechen.

TIPP Mit frischen Erdbeeren servieren.

WÜRZVARIANTEN
1. Mit Orangen: Statt mit Grappa und Cayennepfeffer mit 2 EL Orangenlikör und 2 TL getr. Orangenschalen (Seite 46) würzen. Orangenfilets mit etwas Orangenblütenwasser marinieren und mit der Mousse servieren.
2. Mit Kaffeelikör: 1 TL gem. Kardamom, 1/2 TL Zimtpulver und 1/4 TL frisch gemahlene Muskatnuss miteinander mischen und mit 2 EL Kaffeelikör zur Schokoladen-Eigelb-Masse geben.

So kommen **kleine Törtchen** ganz groß raus: mit frischen oder marinierten Früchten, mit einer Kugel Eis, einem Löffel Parfait, etwas Sahne oder **luftiger** Orangen- oder Weinschaumcreme.

Schokotörtchen besonders einfach und vier Mal anders

ZUBEREITUNGSZEIT: CA. 40 MIN.
BACKZEIT: 18–20 MIN.
FÜR 4 PERSONEN / 12 TÖRTCHEN

BASISREZEPT

Fett für das Blech
3 große Eier
180 g Zucker
200 g dunkle Bitterschokolade (70–75 % Kakao) in Stücken
140 g Butter in Stücken

Ofen auf 160 °C Umluft (180 °C Ober-/Unterhitze) vorheizen. Mulden eines 12er-Muffinblechs ausfetten bzw. Papierförmchen hineinsetzen.
Eier mit 60 g Zucker mit den Quirlen des Handrührgeräts in etwa 10 Min. dickschaumig schlagen. Restlichen Zucker mit 5 EL Wasser zu Sirup kochen. Schokolade und Butter darin unter Rühren schmelzen. Die Masse behutsam unter die Eiercreme heben. Den Teig in die Förmchen verteilen. Die Schokotörtchen 18–20 Min. backen. Aus dem Backofen nehmen und noch etwa 10 Min. ruhen lassen. Das Muffinblech mit einem Brett abdecken, rasch umdrehen. Die Muffinform nach oben abheben.

1. GESCHMACKSERLEBNIS: **INGWER**

200 g in Sirup eingelegten Ingwer hacken und die Hälfte davon mit 1–2 TL Ingwerpulver unter die Teigmischung heben. Die restlichen Ingwerstückchen in die Mulden der gefetteten Muffinform verteilen. Den Teig einfüllen und die Schokotörtchen backen wie im Basisrezept beschrieben. Nach dem Abkühlen die Törtchen mit 200 ml Ingwersirup beträufeln. Dazu passt Vanilleeis.

2. GESCHMACKSERLEBNIS: **ORANGE**

100 g gehacktes Orangeat in die Mulden der Muffinform verteilen. Weitere 100 g gehacktes Orangeat, 2 TL getr. Orangenschalen (Seite 46) und 1 TL gem. Kardamom unter den Teig mischen. Törtchen backen wie im Basisrezept beschrieben. 150 ml Orangensirup (Seite 57) mit 3–4 EL Orangenlikör mischen, darüber träufeln. Dazu passt ein Orangensalat oder der Orangenschaum von Seite 196.

3. GESCHMACKSERLEBNIS: **MANDELN**

100 g Mandelblättchen in einer Pfanne ohne Fett rösten, bis sie goldgelb sind, in die Mulden der Muffinform streuen. Weitere 100 g Mandelblättchen im Mörser zerstoßen und mit 1 TL Zimtpulver unter den Teig mischen. Törtchen backen wie im Basisrezept beschrieben. 150 ml Mandelsirup mit 3–4 EL Amaretto mischen und über die Törtchen träufeln. Dazu passen gehäutete Pfirsiche.

4. GESCHMACKSERLEBNIS: **KIRSCHEN**

80 g kandierte Kirschen in Scheiben schneiden, in die Mulden der Backform verteilen. Unter den Teig 1/2–1 TL geriebene Muskatnuss mischen. Törtchen backen (siehe links). 1 Glas Schattenmorellen (680 g) abtropfen lassen. Den Saft zu einem dicklichen Sirup einkochen. Kirschen pürieren, mit dem Sirup und 2–3 EL Kirschwasser mischen. Mit den Törtchen anrichten. Dazu passt Joghurt-Kirsch-Eis.

Karamellisierte Früchte mit Orangenschaumcreme

Ein eindrucksvolles Dessert, das gar nicht so aufwändig herzustellen ist. Zumal sich die Orangenschaumcreme gut **im Voraus** zubereiten lässt.

ZUBEREITUNGSZEIT: CA. 45 MIN.
PRO PORTION: CA. 230 KCAL
FÜR 6 PERSONEN

FÜR DIE KARAMELLISIERTEN FRÜCHTE

1/2 frische Ananas (ca. 300 g Fruchtfleisch)
1 große reife Mango | 4 Babybananen
30 g eingelegter, abgetropfter Ingwer
1 Saftorange | 1/2 Limette
50 g brauner Zucker
1/2 TL gem. Piment
1/2 TL gem. Kardamom
einige Blättchen Zitronenmelisse

FÜR DIE ORANGENSCHAUMCREME

75 g Zucker
2 TL getr. Orangenschalen (Seite 46)
5 große Eigelbe
150 ml Orangensaft
2 EL Orangenblütenwasser

1 Für die Creme Zucker mit 1 1/2 TL getr. Orangenschalen im Blitzhacker zu Puderzucker verarbeiten, mit Eigelben, Saft und Orangenblütenwasser mischen und über dem heißen Wasserbad in 8 Min. mit dem Schneebesen zu einer cremigen Masse aufschlagen. Restliche Orangenschalen darüber stauben. Kalt stellen.

2 Ananas schälen, längs halbieren, Strunk entfernen. Ananashälften in etwa 2 cm dicke Spalten, diese in Dreiecke schneiden. Mango schälen und in ähnliche Stücke schneiden. Bananen schälen und in Scheiben schneiden. Ingwer fein hacken. Orange und Limette auspressen.

3 Zucker in einer Pfanne schmelzen und hellbraun karamellisieren lassen. Mangostücke etwa 2 Min. unter vorsichtigem Rühren darin braten, dann die Bananen, zuletzt die Ananas. Bevor der Karamell zu dunkel und fest wird, mit dem Zitrussaft ablöschen. Gewürze zugeben und die Sauce köcheln lassen, bis sie leicht eingedickt ist. Mit Ingwer und Melisseblättchen bestreuen. Mit der Orangenschaumcreme servieren.

WÜRZVARIANTEN FÜR DIE SCHAUMCREME

1. Mit Weißwein: Orangensaft durch Weißwein, das Orangenblütenwasser durch Cream Sherry ersetzen und mit frischer Minze dekorieren.

2. Mit Apfelsaft: Bei der Zubereitung der Früchte Zucker mit 1 TL Zimtpulver, Apfelsaft und Calvados mischen und mit Eigelb zur Creme aufschlagen. Mit Zimt bestauben.

3. Mit Marsala oder Whisky: Bei der Zubereitung der Creme Orangen- und Limettensaft durch Marsala oder Whisky ersetzen, statt mit Piment und Kardamom mit Zimt oder einigen zerdrückten Pfefferkörnern würzen. Die Früchte durch Saisonobst (z. B. Pfirsiche, Nektarinen, Aprikosen) ersetzen.

Die aromatisierte Eigelbmischung auf dem heißen Wasserbad cremig schlagen.

Die Ananasspalten quer in schmale, mundgerechte Stücke schneiden.

Früchte mit dem Zitrussaft ablöschen, sobald der Zucker gut gebräunt ist.

Melone in Sternanissirup

Süß-würziger Sternanissirup steigert das natürliche Aroma der Melonen. Dazu passt Vanilleeis.

ZUBEREITUNGSZEIT: CA. 50 MIN.
MARINIERZEIT: 8–12 STD.
PRO PORTION: CA. 215 KCAL
FÜR 6 PERSONEN

4 unbehandelte Limetten
300 g brauner Zucker | 3–4 Sternanis
2 kleine reife Melonen (z. B. Cantaloupe)
Melisseblättchen zum Dekorieren

1 Limetten heiß waschen, mit dem Sparschäler sehr dünn, ohne die weiße Haut, schälen. Limetten auspressen, Saft durch ein Sieb geben. Saft und Schale mit 500 ml Wasser, Zucker und Sternanis aufkochen. Etwa 20 Min. köcheln lassen, dabei auf etwa 300 ml reduzieren. Limettenschalen entfernen, abkühlen lassen.

2 Melonen halbieren, die Samen entfernen, aus dem Fruchtfleisch Kugeln ausstechen und mit etwa 150 ml Sirup begießen. Mehrere Stunden, am besten über Nacht, im Kühlschrank marinieren. Den restlichen Sirup für anderweitige Verwendung im Kühlschrank lagern. Die Melonenkugeln mit einigen Melisseblättchen dekorieren.

WÜRZVARIANTE MIT ZIMT & KARDAMOM
Anstelle von Sternanis den Sirup mit 2 Zimtstangen, 5 Kardamomkapseln und 2 Gewürznelken aromatisieren.

Kardamomcreme mit Papayasauce

Ein indisch inspiriertes Dessert: sehr erfrischend und dabei hocharomatisch!

ZUBEREITUNGSZEIT: CA. 30 MIN.
ABTROPFZEIT: CA. 8 STD.
PRO PORTION: CA. 360 KCAL
FÜR 4 PERSONEN

FÜR DIE CREME

10 grüne Kardamomkapseln
1 kg Vollmilchjoghurt | 1/2 TL Zimtpulver
1 1/2 TL gem. getr. Orangenschalen (Seite 46)
1 unbehandelte Orange
150 g Sahne | 2 TL Vanillezucker (Tipp Seite 57)
2 EL Pistazienkerne

FÜR DIE PAPAYASAUCE

2 große reife Papayas
1–2 EL brauner Zucker | 3–4 TL Limettensaft

1 Für die Creme die Samen aus den Kardamomkapseln lösen, im Mörser fein zerreiben. Joghurt mit Kardamom, Zimt und den gemahlenen Orangenschalen mischen. In ein mit Mull ausgelegtes Sieb geben, über einer Schüssel im Kühlschrank mindestens 8 Std. abtropfen lassen.

2 Für die Sauce die Papayas schälen, halbieren und die Kerne herauskratzen. Das Fruchtfleisch in Stücke schneiden, pürieren und durch ein Sieb streichen. Mit Zucker und Limettensaft abschmecken.

3 Für die Creme die Orange heiß waschen, die Schale fein abreiben. Den Saft auspressen. Joghurt mit Orangensaft und -schale mischen. Sahne mit dem Zucker steif schlagen, unterheben. Portionieren, mit Pistazien bestreuen und mit der Papayasauce anrichten.

WÜRZVARIANTEN

1. Mit Curry oder Garam Masala: Bei der Zubereitung der Creme Kardamom und Zimt durch 1 TL mildes Currypulver oder Garam Masala ersetzen.

2. Mit Kokos: Bei der Zubereitung der Creme den Joghurt mit 3–4 EL Kokosraspeln mischen. Die Pistazienkerne durch Kokos-Chips ersetzen.

Gegrillte Feigen auf Marzipansauce

Ein absolut verführerisches Rezept, in dem **Mandeln** gleich drei Mal anders auftreten: als Marzipan, als Likör und als geröstete Mandelblättchen – ein **köstlicher Rahmen** für frische Feigen mit etwas Amaretto-Mascarpone als i-Tüpfelchen.

ZUBEREITUNGSZEIT: CA. 25 MIN.
PRO PORTION: CA. 445 KCAL
FÜR 4 PERSONEN

150 ml Orangensaft | 75 g Sahne
100 g Marzipan-Rohmasse
4 EL Amaretto
4 EL Mandelblättchen
8 frische Feigen
2–3 TL Vanillezucker (Tipp Seite 57)
100 g Mascarpone

1 Den Backofengrill auf 250 °C vorheizen. Orangensaft und Sahne aufkochen. Marzipan zerkleinern und in dem Saftmix schmelzen lassen. 2 EL Amaretto zugeben, 5 Min. leise köcheln lassen.

2 Die Mandelblättchen in einer Pfanne ohne Fett goldgelb rösten und beiseite stellen. Feigen abbrausen und trockentupfen. Die Früchte quer in je 3–4 Scheiben schneiden.

3 Marzipansauce auf vier feuerfeste Dessertteller verteilen. Feigenscheiben darauf setzen, mit etwas Vanillezucker bestreuen. 4–5 Min. grillen, bis das Marzipan am Rand leicht bräunt.

4 Den Mascarpone mit dem restlichen Amaretto mischen. Auf jede Portion ein paar Kleckse Mascarpone setzen, mit Mandelblättchen bestreuen und sofort servieren.

TIPP Statt die Feigen in Scheiben zu schneiden, kann man sie auch von oben kreuzweise einschneiden, etwas auseinander drücken und auf jede Saucenportion jeweils 2 dieser »Feigenblüten« setzen.

VARIANTE
Den Mascarpone durch Vanilleeis und die Feigen durch geschälte, reife Birnen ersetzen.

Feigen quer in dicke Scheiben schneiden, die Anschnitte werden nicht benötigt.

Das Dessert aus dem Ofen nehmen, sobald die Sauce am Rand leicht gebräunt ist.

Cremiger Mascarpone mit mandelsüßem Amaretto vollendet das Gericht.

Ananasparfait mit Mandel-Vanille-Krokant

Ein köstlich exotisches, kühl fruchtiges Dessert, aromatisiert mit weißem Rum, Sternanis und Gewürznelken.

ZUBEREITUNGSZEIT: CA. 40 MIN.
KÜHLZEIT: CA. 3 STD.
PRO PORTION (BEI 6 PERSONEN): CA. 395 KCAL
FÜR 4–6 PERSONEN

FÜR DAS PARFAIT

1 frische süße Ananas (mind. 500 g Fruchtfleisch)
2 Gewürznelken | 1 Sternanis
1 1/2 EL Limettensaft
4 Eigelbe
3 EL feiner brauner Zucker (siehe Tipp)
2 Eiweiße | 3 EL weißer Rum
200 g Sahne

FÜR DEN KROKANT

50 g Mandelblättchen
2 Vanilleschoten
150 g Zucker | Salz
1 1/2 TL gem. Kardamom

1 Ananas schälen und das Fruchtfleisch ohne den Strunk in Stücke schneiden. 500 g Fruchtfleisch abwiegen, pürieren, durch die Passiermühle drehen. Mit Gewürzen und Limettensaft aufkochen, 10 Min. leicht köcheln und dabei etwas einkochen. Erkalten lassen und die Gewürze entfernen.

2 Eigelbe mit 2 EL Zucker schaumig schlagen. Eiweiße steif schlagen, dabei den restlichen Zucker einrieseln lassen. Eigelbmasse und Rum unter das Fruchtpüree heben, dann das Eiweiß. Sahne steif schlagen und ebenfalls unterheben. Die Masse in Förmchen füllen, für 3 Std. in das Tiefkühlfach stellen.

3 Inzwischen für den Krokant die Mandelblättchen bei schwacher bis mittlerer Hitze goldbraun rösten. Vanilleschoten längs aufschlitzen, die Samen herauskratzen und mit 1 EL Zucker mischen. Restlichen Zucker mit 1 Prise Salz in einer Pfanne hellbraun karamellisieren. Mandeln, Vanillezucker und Kardamom untermischen. Den Karamell auf die mit Backpapier belegte Rückseite eines Backblechs gießen, mit Backpapier abdecken und mit dem Nudelholz sehr dünn auswalzen. Nach dem Abkühlen das Backpapier abziehen, den Krokant in Stücke brechen.

4 Zum Servieren die Förmchen mit dem Parfait kurz in heißes Wasser tauchen, dann stürzen. Die Parfaits mit frischer Ananas und Mandel-Vanille-Krokant anrichten.

TIPP Brauner Zucker ist oft grobkörnig und schwer löslich. Besser zu verarbeiten ist er, wenn man ihn im Blitzhacker zu Puderzucker zerkleinert.

WÜRZVARIANTEN

1. Mit Mango: Das Parfait statt mit Ananas mit frischen Mangos zubereiten, dabei wie oben vorgehen. Pürierte Mangos mit 3 angedrückten Kardamomkapseln und 1 Zimtstange aufkochen. Nach dem Abkühlen die Gewürze herausnehmen, 3 EL Orangen- oder Aprikosenlikör untermischen. Mit Minzeblättchen und gehackten Pistazien anrichten. Sollte es gerade keine reifen Mangos geben: In Asia-Shops kann man thailändisches Mangopüree (Mangopulp) in Dosen kaufen.

2. Mit Zimt oder Cayennepfeffer: Den Krokant statt mit Vanille mit Zimtpulver oder 1 guten Prise Cayennepfeffer würzen.

Wer keine Portionsförmchen hat, kann das Parfait auch in eine **Kastenform** *füllen. Zum Servieren in* **Scheiben schneiden** *und mit frischer Ananas und Krokant anrichten.*

GLOSSAR

Die 24 wichtigsten Gewürze, ihr **Aroma** und ihre **Verwendung.** Die **Mini-Rezepte** enthalten neben Salz und Pfeffer keine »konkurrierenden« Gewürze. So übertönt nichts den jeweiligen Geschmack. Jedes ist für 1 Person berechnet.

ANIS. Süß, sehr aromatisch, dabei ein wenig scharf, lakritzartig. Anis passt gut in mediterrane Fischgerichte, ebenso in Currys und ist ein beliebtes Brotgewürz. Er gibt Anisgebäck und Anislikör sein unverwechselbares Aroma. Anis kann durch Fenchel ersetzt werden. Die sichelförmigen hell graubräunlichen Samen werden in getrocknetem Zustand ganz oder gemahlen verwendet.

Gurkensalat mit Anis: 1/2 Gurke schälen, fein hobeln und salzen. Etwa 10 Min. stehen lassen. 1 TL Anissaat mit 2 TL braunem Zucker im Blitzhacker oder Mörser fein mahlen. Gurkenscheiben mit Küchenpapier trockentupfen. 100 g Joghurt mit dem Aniszucker mischen und über die Gurkenscheiben geben. Nach Belieben pfeffern.

AMCHOOR (MANGOPULVER). Amchoor ist das hellbraune, leicht klumpige Pulver aus unreif geernteten, dann getrockneten und gemahlenen Mangos. Scharfsäuerlich, etwas herb, leicht harzig. Zum Würzen von Suppen, Currys, Marinaden, in Südindien als Ersatz für Zitronen oder Tamarinde verwendet.

Süßsaures Salatdressing: 150 g Joghurt mit 2 TL Amchoor, 1 TL Honig und 1 Prise Salz vermischen. Nach Belieben mit geröstetem Sesam bestreuen.

BOCKSHORNKLEE. Bitter und aromatisch, mit leichter Schärfe. Wichtiger Bestandteil von Sambaar Powder, Panch

Phoron und vielen Currymischungen. Die kleinen, unregelmäßig geformten gelbbraunen Samen sind steinhart. Nach dem Rösten lassen sie sich leichter mahlen, verlieren aber dann schnell ihr Aroma. Darum immer frisch mahlen.

Kartoffelsuppe mit Bockshornklee: 1 Zwiebel würfeln, in 1 EL Öl glasig schmoren. Mit 250 ml Hühnerbrühe ablöschen. 1 große mehlig kochende Kartoffel (150 g) schälen, würfeln, in der Brühe garen. Durch ein Sieb streichen. Mit Salz, Pfeffer und 1/2 TL gem. Bockshornklee würzen. Mit 1 EL Schmand abrunden und mit Petersilie bestreuen.

CHILI & CAYENNE. Wenig Aroma, im Geschmack: beißend scharf, brennend scharf oder fruchtig scharf. Daneben – je nach Sorte – auch erdig, blumig, süß, rauchig – sogar schokoladenartig.
Die frischen Schoten sind oft weniger scharf als die getrockneten, vor allem, wenn man die Samen und Trennwände entfernt. Man kann getrocknete Chilischoten ganz oder in geschroteter Form (wahlweise mit oder ohne Samen) sowie auch fein gemahlen kaufen.
Die feinsten und mildesten Chilis enthalten keine Samen und Trennwände.
Bei Cayennepfeffer handelt es sich um eine Mischung aus Chilis verschiedener Sorten, die mit Samen und Trennwänden gemahlen werden. Er ist deshalb besonders scharf. Ganze getrocknete Schoten können vor dem Kochen zum Entschärfen eingeweicht werden. Geschrotete Chilis machen sich auch optisch in Mischungen gut.

Red hot Mary: 200 ml gekühlten Tomatensaft salzen. 2 cl Wodka untermischen. Mit 1–2 Msp. Cayennepfeffer scharf würzen. Nach Belieben schwarzen Pfeffer frisch darüber mahlen.

CUMIN (KREUZKÜMMEL). Stark aromatisches, schweres und warmes Aroma, im Geschmack: scharfbitter. Bestandteil vieler Garam Masalas und Currymischungen sowie des arabischen Baharat. Die getrockneten, bräunlichen, im Aussehen kümmelähnlichen Samen werden ganz und gemahlen verwendet. Der iranische Cumin ist kleiner und schwärzlich.

Erbsen mit Cumin: 1 fein gewürfelte Schalotte in 1 EL Öl glasig schmoren, 1/2 TL Cuminsamen zugeben. Sobald sie sich etwas dunkler färben, 150 g TK-Erbsen, 3 EL Brühe (Instant), Salz und 1 Prise Zucker zufügen. 5–6 Min. garen, bis die Erbsen weich sind.

GEWÜRZNELKE. Intensiver, stark aromatisch-warmer, süßer Geruch. Starker brennend-feuriger und würziger Geschmack. In vielen Gewürzmischungen enthalten, z. B. im Chinesischen Fünf-Gewürz, in Currypulver, Garam Masalas, Ras el Hanout, Galat Dagga, Berbere, Quartre Epices. Die ganzen schwarzbraunen getrockneten Blütenknospen verwendet man vor allem in Punsch und Glühwein. Gemahlen sehr vorsichtig dosieren, da sehr intensiv.

Glühwein: 125 ml Rotwein mit 125 ml Orangensaft, 1–2 TL braunem Zucker und 3 Gewürznelken aufkochen. Abgedeckt 10 Min. ziehen lassen.

INGWER. Holzig-zitroniger Duft, scharf beißender Geschmack. Es gibt Ingwer frisch als Wurzel, getrocknet und gemahlen oder eingelegt. Frischer Ingwer schmeckt ungleich besser als getrockneter, der sich wiederum besser für Gewürz- und Backmischungen eignet. Das Pulver ist weißlich bis hellgelblich und manchmal leicht klumpig.

Ingwer-Möhren: 250 g Möhren schälen und schräg in 1 cm dicke Scheiben schneiden. 1 Stück frischen

Ingwer (20 g) schälen und fein würfeln. 20 g Butter erhitzen, Ingwer darin 1 Min. anschmoren. Möhren zugeben. Salzen und mit 1 TL braunem Zucker bestreuen. Unter gelegentlichem Rühren in knapp 10 Min. bissfest garen. Mit gehackter Petersilie bestreuen.

KARDAMOM. Feines, charakteristisches Aroma, im Geschmack süßlich harzig, kräftig brennend, kampferartig mit herber Bergamotte-Note. Am besten

die ganzen hellgrünen Kapseln kaufen, sie bewahren das Aroma der darin liegenden schwarzen, etwas klebrigen Samen. Man kann die Kapseln im Mörser leicht anstoßen und dann im Ganzen mitkochen, z. B. in Reis. Oder die Kapseln aufbrechen, die Samen rösten und mahlen. Gemahlene Samen verlieren schnell ihr Aroma.

Kardamom-Kaffee: Die Samen von 3–4 grünen Kardamomkapseln zusammen mit 2 Kaffee-Messlöffeln Kaffeebohnen mahlen. Wie gewohnt aufbrühen. Nach Belieben zuckern. Oder die leicht angedrückten ganzen Kapseln im heißen Kaffee ziehen lassen.

KORIANDER (SAMEN). Holzig-nussiges und würzig aromatisches Aroma, im Geschmack süßlich mit leichter Schärfe und an Orange erinnerndem Akzent – ganz anders als das petersilienähnliche Koriandergrün. Die kugeligen hellbraunen Samen (3–4 mm Ø) am besten ganz kaufen und frisch mahlen. Durch trockenes Rösten verstärkt sich das angenehme Aroma noch.

Hähnchenfiletstreifen in Koriander-Panade: 1 Hähnchenbrustfilet (150 g) trockentupfen und schräg in 4–5 Streifen schneiden. 2 EL Koriander trocken rösten und mahlen. Mit 1 EL Semmelbrösel und 1 Prise Salz mischen. Filetstreifen mit wenig Öl einpinseln, dann in der Panade wälzen. In 1 EL Öl von allen Seiten knusprig braten.

KÜMMEL. Stark aromatisches warmes Aroma, leicht bitter im Geschmack. Ein klassisches europäisches Brot- und Käsegewürz. Nicht zu verwechseln mit Cumin (Kreuzkümmel; siehe dort), der vor allem in der orientalischen Küche verwendet wird. Die hell- bis mittelbraunen Kümmelsamen sind leicht gekrümmt und gerippt. Meist werden sie im Ganzen verwendet, man kann Kümmel aber auch gut selbst mahlen.

Käsegebäck mit Kümmel: 100 g Mehl mit 2 kleinen Eiern (oder 1 großen), 75 g geriebenem Parmesan und 50 g Butter in Stückchen verkneten. Den Teig 1 Std. ruhen lassen, dann ausrollen und in Streifen schneiden. Mit Eigelb bepinseln und mit Kümmel bestreuen. Im vorgeheizten Backofen bei 180 °C Umluft (200 °C Ober-/Unterhitze) etwa 10 Min. backen.

KURKUMA. Stark würzig erdiges Aroma, herber und leicht bitterer Geschmack. Ein unverzichtbarer Bestandteil der meisten Currymischungen, denen Kurkuma ihre typische gelbe Farbe verleiht. Kurkuma gibt es als frische oder getrocknete Wurzeln, zumeist aber als fein gemahlenes, intensiv gelborangefarbenes Pulver. Nicht zu lange lagern, es schmeckt dann schnell muffig.

Kurkuma-Püree: 200 g mehlig kochende Kartoffeln in Salzwasser 20 Min. garen. 5 Min. ausdampfen lassen, pellen, durch die Presse drücken. 100 ml Milch und 10 g Butter erhitzen, 1/2 TL Kurkuma darin auflösen, die heiße Milch nach und nach unter das Kartoffelpüree rühren. Mit Salz und Pfeffer abschmecken.

MACIS/MUSKATNUSS. Macis und Muskatnuss sind beides Teile der Frucht des Muskatnussbaums: Macis (Muskatblüte) umhüllt den Samen, der als Muskatnuss bezeichnet wird. Beide Gewürze haben ein eigenwilliges intensiv aromatisches Aroma, sie sind im Geschmack süßlich würzig, bitterscharf und leicht harzig. Macis würzt feine Suppen und Saucen (z. B. Béchamel). Das Gewürz gibt es getrocknet in Stücken, die sich nur schwer mahlen lassen, und fertig gemahlen. Auch in dieser Form bewahrt es lange sein Aroma. Muskatnuss ist ein typisches Gewürz für Lebkuchen und Glühwein, es passt aber genauso gut zu Spinat, Käse, Nudeln und Kartoffelgerichten. Das Gewürz wird am besten immer frisch auf einer Muskatreibe gerieben und wegen seines flüchtigen Aromas erst am Ende der Kochzeit zu den Speisen gegeben.

Blumenkohl mit Muskat-Butterbröseln: 1/2 kleinen Blumenkohl in Röschen teilen und über Dampf garen. 20 g Butter in der Pfanne schmelzen, bis sie schäumt. Knapp 2 EL Semmelbrösel darin anbraten, mit 1/4 TL geriebener Muskatnuss mischen und über den Blumenkohl geben.

PAPRIKA. Das aus gemahlenen Gewürzpaprikaschoten bestehende Pulver ist je nach Sorte mildaromatisch (Delikatess und edelsüß), würzig leichtscharf (halbscharf) oder aromatisch scharf bis brennend scharf (Rosenpaprika). Paprika passt gut in Suppen und Saucen. Es ist klassisches Gewürz für Gulasch und anderes geschmortes Fleisch sowie für Liptauer.

Paprika-Frischkäse-Dip: 1 kleine Schalotte schälen und sehr fein hacken. 3 Radieschen fein würfeln. 100 g Frischkäse mit etwas kalter Milch glatt rühren, mit Salz, Pfeffer sowie 1/2 – 1 TL edelsüßem Paprikapulver würzen. Mit Kresse bestreuen.

PFEFFER. Beißend scharf und warm aromatisch. Weißer Pfeffer ist am schärfsten, grüner Pfeffer relativ mild. Schwarzer und grüner Pfeffer haben mehr Aroma als weißer Pfeffer. Alle drei Pfeffersorten stammen von derselben Pflanze, sie werden nur unterschiedlich reif geerntet und nachbehandelt (siehe auch Seite 25). Pfeffer am besten im Ganzen kaufen und frisch mahlen. Bereits gemahlener, lange gelagerter Pfeffer ist bestenfalls scharf, aber ohne jedes Aroma.

Spaghetti mit drei Mal Pfeffer: 100 g Spaghetti in kochendem Salzwasser garen. Abgießen und auf drei kleine Schüsseln verteilen. Auf jeder Portion ein Stückchen Butter schmelzen lassen und mit schwarzem, weißem und grünem Pfeffer frisch aus der Mühle kräftig würzen. Bewusst auf die unterschiedlichen Aromen achten!

PIMENT. Riecht stark aromatisch nach Gewürznelken, Zimt und Muskat, ist auch im Geschmack ähnlich, aber mit leichter pfeffriger Schärfe. Piment passt zu süßen wie zu pikanten Gerichten: zu Glühwein und Kuchen ebenso wie zu Hering oder Schweinefleisch. Es ist Bestandteil von Likören wie Bénédictine und Chartreuse. Man kauft Piment – wie Pfeffer – am besten als ganze Beeren und mahlt bei Bedarf frisch.

Kürbisgemüse: 1 kleine Zwiebel fein würfeln. 200 g Kürbisfleisch würfeln. Zwiebeln in 2 TL Öl anschmoren, Kürbis zugeben, mit 250 ml Hühnerbrühe ablöschen. Abgedeckt auf niedriger Stufe weich garen. Kürbis herausnehmen, die Brühe einkochen und mit 2 EL Crème fraîche mischen. Mit Salz, Pfeffer und 1/4 – 1/2 TL gem. Piment würzen, mit gehackter Petersilie bestreuen.

SAFRAN. Charakteristisches Aroma, hoch aromatisch, honigartig und dabei zartbitter im Geschmack. Ein kleine Menge Safran macht simplen Reis zur Delikatesse. Safran gehört in klassische Gerichte wie Bouillabaisse, Paella, Risotto alla milanese oder in marokkanischen Couscous. Safran gibt es in kleinen Döschen gemahlen oder in ganzen Fäden. Beim Pulver besteht die Gefahr, dass es mit Kurkuma und Saflor (Färberdistel) verfälscht ist — diese ebenfalls gelb färbenden Gewürze sind aber geschmacklich kein Ersatz für Safran. Deshalb immer ganze Safranfäden kaufen, im Mörser mit wenig Zucker oder Salz zerreiben und in etwas Flüssigkeit auflösen. Safran sollte nie zu lange kochen, deshalb das Gewürz möglichst spät an die Gerichte geben.

Safran-Couscous: 1 Prise Safran (12–15 Fäden) mit etwas Salz im Mörser zerreiben und mit 70 g Instant-Couscous mischen. Couscous mit 100 ml kochend heißer Hühnerbrühe übergießen und 5–7 Min. abgedeckt ausquellen lassen. Mit einer Gabel auflockern, 10 g Butter untermischen. Nach Belieben mit gehackten Pistazien bestreuen.

SCHINUS (ROSA PFEFFERBEEREN). Der so genannte Rosa Pfeffer gehört nicht zur Pfefferfamilie und hat auch nicht deren ausgeprägte Schärfe. Vielmehr ist Schinus im Geschmack süß-aromatisch, leicht fruchtig, dezent wacholderartig. Er passt gut in die mediterrane Küche, insbesondere zu Fisch. Es gibt die Beeren eingelegt oder getrocknet zu kaufen. Die trockenen Beeren werden für die Pfeffermühle gerne mit weißem und schwarzem Pfeffer gemischt.

Sahne-Nudeln mit rosa Pfeffer: 100 g Nudeln nach Packungsangabe garen. 50 ml Hühnerbrühe und 50 ml Milch aufkochen, 50 g Schmand einrühren, mit 1 TL Saucenbinder leicht andicken. 2 EL geriebenen Parmesan untermischen. 1–1 1/2 TL rosa Pfefferbeeren im Mörser leicht zerstoßen und in die Sauce mischen. Mit Salz und Pfeffer abschmecken. Nudeln mit Sauce anrichten, mit ein paar ganzen Pfefferbeeren bestreuen.

SCHWARZKÜMMEL (KALONJI). Erdig bitter, etwas pfeffrig und nussig. Ein wichtiger Bestandteil der bengalischen Mischung Panch Phoron. Man kennt die kleinen dreikantigen schwarzen Samen von türkischen und indischen Fladenbroten, oft gemischt mit Sesam.

Kartoffelgratin mit Schwarzkümmel: 250 g Kartoffeln schälen, hauchfein hobeln. Eine Gratinform fetten, Kartoffeln einschichten, salzen, pfeffern. 100 g Sahne angießen, 20 g Butter in Flöckchen darauf verteilen. Mit 1 TL Schwarzkümmel bestreuen. Das Gratin im vorgeheizten Ofen bei 180 °C Umluft (200 °C Ober-/Unterhitze) etwa 45 Min. backen.

STERNANIS. Duftet lakritzartig wie Anis, aber viel intensiver: warm, süß und aromatisch. Sternanis ist wichtiger Bestandteil des Chinesischen Fünf-Gewürzes. Das Gewürz passt zu süßen und pikanten Gerichten, besonders gut zu Schweine- und Entenfleisch, aber auch in fruchtige Sirupe oder in Glühwein. Sternanis gibt es im Ganzen – so ist er mehrere Jahre haltbar – und gemahlen zu kaufen.

Chinesische Hühnerbrühe: 250 ml Hühnerbrühe mit 1 Sternanis und 10 g Glasnudeln oder feinen asiatischen Instant-Nudeln aufkochen und 5–8 Min. abgedeckt köcheln lassen. Mit gehackter Petersilie bestreuen.

SUMACH. Im Geschmack säuerlich, etwas herb, im Geruch ähnlich, aber schwächer. Sumach wird vor allem in der syrischen, libanesischen, iranischen und türkischen Küche verwendet, wo man Fleisch und Fisch vor dem Garen damit einreibt. Meist wird Sumach bereits gemahlen angeboten, selten die ganzen Beeren.

Zathar (arabisches Tischgewürz): 2 TL Sesamsamen in der Pfanne ohne Fett rösten, bis sie duften. Mit 1 1/2 TL getr. Thymian und 1 TL gem. Sumach mischen. Das Gewürz über Salate oder Fladenbrot mit Hoummous (siehe Seite 110) streuen.

SZECHUANPFEFFER. Vor allem geröstet stark aromatisch, gewürzhaft holzig mit zitronig harziger Note; pfefferähnlich, mit geringer Schärfe (siehe auch Seite 25). Szechuanpfeffer wird in China vor allem zum Würzen von Hähnchen und Ente verwendet und ist einer der Bestandteile des Chinesischen Fünf-Gewürz-Pulvers.

Szechuan-Steak: 1 kleines Minutensteak (80 g) leicht salzen und mit 1/4 – 1/2 TL frisch gem. Szechuanpfeffer einreiben. 2 TL Erdnussöl erhitzen, das Steak von jeder Seite 1 Min. braten.

VANILLE. Parfümartiger, tabakähnlicher Duft, im Geschmack süß, aromatisch und weich. Vanille würzt vor allem süße Gerichte wie Kuchen, Plätzchen, Pudding und Eiscremes. Ganze Vanilleschoten werden meist einzeln in durchsichtigen Glas- oder Kunststoffröhrchen angeboten. Verwendet werden die winzigen schwarzen Samen aus dem Inneren der Schote und die Schote selbst, z. B. zum Aromatisieren von Zucker (siehe Tipp Seite 57).

Kakao mit Vanille: 1/2 Vanilleschote in 250 ml Milch aufkochen und 5 Min. leise köcheln lassen. Vanilleschote längs aufschlitzen, die kleinen Samen herauskratzen und mit 2 TL dunklem Kakaopulver und 1 EL Zucker in die Milch geben. Noch einmal erhitzen, schaumig rühren und nach Belieben mit 1 Msp. Cayennepfeffer abschmecken.

WACHOLDER. Angenehm bittersüß, aromatisch würzig, leicht harzig mit dem Akzent von Tannennadeln und deutlich an Gin erinnernd. Wacholder passt gut zu Lamm, Schwein, Wild und Kaninchen. Er wird für Liköre, Magenbitter und vor allem für Gin verwendet. Man kauft Wacholder als ganze Beeren, die man im Mörser zerdrückt oder in der Pfeffermühle mahlen kann.

Apfel-Wacholder-Sauce zu Schweinekoteletts: 100 g Zwiebeln fein würfeln und in 15 g Butter glasig schmoren, 1 Apfel schälen, würfeln. 5–6 Wacholderbeeren im Mörser zerstoßen, mit dem Apfel zu den Zwiebeln geben. Schmoren, bis der Apfel weich ist und zerfällt. Mit etwa 100 ml Brühe ablöschen, mit 1–2 EL Schmand abrunden. Mit Salz abschmecken. Kotelett salzen, pfeffern und in etwas Butterschmalz von jeder Seite 3–4 Min. braten. Mit der Sauce anrichten.

ZIMT. Stark aromatisch, angenehm, süß, holzig und warm. Ceylonzimt duftet und schmeckt deutlich feiner als chinesische Kassia, die zudem noch eine bittere Note hat. Es gibt Zimt fein gemahlen oder in Stangen zu kaufen, wobei die Kassia-Stangen sehr hart sind. Die feineren Ceylon-Zimtstangen lassen sich dagegen mühelos zerkleinern. Kassia wird am besten für würzigere Gerichte verwendet, Ceylonzimt für feinere und süßere Speisen.

Zimt-Kirsch-Püree: 175 g abgetropfte entsteinte Schattenmorellen (Glas) im Mixer pürieren. Mit 2 TL Zucker und 1 TL Zimtpulver aufkochen, 3–4 Min. köcheln lassen. Nach Belieben mit gehackten Pistazien bestreuen. Passt zu Milchreis, Grießbrei, Pfannkuchen oder Vanilleeis.

MEINE GEWÜRZMISCHUNGEN BESTELLEN:

www.1001gewuerze.de
Hier können Sie die **Gewürzmischungen aus diesem Buch** und viele andere ausgefallene Mischungen online bestellen.

WEITERE BEZUGSADRESSEN:

Violas Gewürze & Delikatessen
Eppendorfer Baum 43, 20249 Hamburg, www.violas.de
Internationale Gewürze und Gewürzmischungen, Essige, Öle, Pasta und mehr

Gewürzhaus Alsbach
An der Staufenmauer 11, 60311 Frankfurt, www.alsbachgewuerze.de
Afrikanische und orientalische Gewürze

TALI
Steinstr. 18, 34298 Helsa, www.tali.de
Internationale Gewürze, Kräuter und Mischungen, Nüsse und Trockenfrüchte, Zutaten für die orientalische (speziell persische) und asiatische Küche

HeBo-Gewürze
Langenfelde 39, 23611 Bad Schwartau www.hebo-gewuerze.de
Internationale Gewürze, Kräuter und Gewürzmischungen, Gewürzzubehör

GASTEREA-Versand
Brucher Weg 72, 58507 Lüdenscheid, shop.gasterea.de
Internationale Gewürze, Kräuter, Gewürzmischungen, Saucen und Pasten – Start-, Einsteiger- und Probierpakete

Gourmondo GmbH & Co KG
St.-Heinricher-Str. 40, 82402 Seeshaupt, www.gourmondo.de
Lebensmittel, Würzen und Gewürze aus Italien, China, Japan, Südostasien, Indien

Dey Gewürze
Jungstr. 2, CH-8052 Zürich
Tel. +41 (0)14 32 79 54
www.gewuerze-dey.ch
Internationale Gewürze und -mischungen, große Auswahl an Currysorten

Eine Kombination von **Speise und Getränk** wird als gelungen empfunden, wenn sich möglichst viele **Aromen entsprechen.** Beim Wein gilt: zum leichten Essen leichten, zu gehaltvollen Gerichten einen schwereren reichen.

ZU WÜRZIGEN MEDITERRANEN GERICHTEN wie der Lammkeule von S. 182, Ofenkartoffeln (S. 137), grünen Bohnen (S. 147) oder der Würzvariante für die weißen Bohnen von S. 153 passt ein kräftiger Rotwein (z. B. Côtes du Rhône, Roussillon, Corbières, Montepulciano d'Abruzzo, Cannonau von Sardinien). Auch ein gehaltvoller Weißwein, z. B. ein Riesling Grand Cru schmeckt.

LEICHTE MEDITERRANE SPEISEN, etwa Involtini mit Basilikum und Parmesan (S. 185) oder Nudeln mit Knoblauch-Knuspersauce (S. 113), vertragen sich mit einem Roséwein (Rosato aus der Toskana), einem leichteren Rotwein (Bardolino Classico, Barbera d'Asti) oder einem deutschen Spätburgunder.

ZU LEICHTEN FISCHGERICHTEN wie etwa gedünstetem Dorsch (S. 155), Muscheln im Weinsud (S. 164/165), gebeiztem Lachs (S. 158), gefüllter Forelle (S. 161) gehört ein leichter Wein, vorzugsweise ein Weißwein (z. B. trockener oder halbtrockener Riesling, Sancerre, Viré-Clessé aus dem Burgund).

GEBRATENER FISCH, z. B. Rotbarsch in Pinienkernsauce oder mit heißer Kräuterbutter (S. 157), verträgt dagegen einen leichten Rotwein (z. B. Spätburgunder von der Ahr, Trollinger, Beaujolais-Villages).

DUNKLES FLEISCH wie das Rindergulasch von S. 171 wird am besten von Rotwein begleitet (Shiraz, Tempranillo oder Schwarzriesling). Zum Roastbeef von S. 174 sowie zum Tafelspitz von S. 172 schmeckt dagegen ein fruchtiger Weißwein (kräftiger Frascati Superiore, Riesling Spätlese).

ORIENTALISCHE UND MEDITERRANE VORSPEISEN wie Hackbällchen (S. 99), Safranzwiebeln (S. 105), Zucchinipuffer mit Minze und Pinienkernen (S. 142/143) kann man auf einem sommerlichen Buffet mit trockenem Roséwein (Côtes de Provence, Merlot Rosado aus dem Penedès, Mateus Rosé aus Portugal, Cinsault Rosé aus Südafrika) oder einem weichen Rotwein (Dornfelder, St. Magdalener Classico aus Südtirol, Garnacha aus Valencia) servieren. Sind sie als erster Gang eines winterlichen Menus geplant, passt gut gekühlter Prosecco oder ein leichter Weißwein (trockener Müller-Thurgau, Soave, Orvieto Classico, Chardonnay, weißer Côtes du Luberon). Die scharfen Zitronen-Kartoffeln (S. 77), können – wie alle spanischen Tapas – mit trockenem Sherry oder auch mit einem französischen Muscat de Rivesaltes serviert werden.

ZU ORIENTALISCHEN HAUPTGERICHTEN, z. B. mit Lamm (S. 126, S. 180) oder dem gefüllten Hähnchen von S. 188, wird traditionell Minztee und Wasser gereicht. Aber auch ein Dornfelder, ein Côtes du Ventoux, ein gewürzhafter Merlot aus Neuseeland oder ein Zinfandel sind gute Begleiter.

ZU FERNÖSTLICHEN UND EXOTISCHEN GERICHTEN, die stark aromatisch und oft auch kräftig scharf sind, ist die Weinauswahl nicht ganz einfach. Am ehesten harmonieren Weißweine mit zarter Süße (halbtrockener Riesling, Scheurebe oder Gewürztraminer, Trebbiano dell'Umbria, Chenin Blanc). Zu der Kombination von Schärfe und Kokosmilch schmecken auch die Roséweine »White Zinfandel« (Kalifornien) oder »White Cabernet« (Chile), leicht süße »Fun-Weine«, die gut gekühlt serviert werden. Einen Versuch wert ist auch ein trockener (!) Lambrusco. Auf jeden Fall passt ein kaltes, eher herbes Bier immer dazu, z. B. aus dem Land, aus dem das Gericht kommt.

Register

Fett kursiv: kennzeichnet Seiten mit Sachinformationen und Warenkunde
Mager kursiv: Würzvariante eines Rezepts

A

B

C

L/M

N/O

P/R

U/V/W

Z

Impressum

DIE AUTORIN

Bettina Matthaei ist als Drehbuchautorin, Grafikerin und Dozentin an Film- und Designschulen vielfach kreativ tätig. Auch Kochen ist für sie ein schöpferischer Akt. Sie selbst kocht selten nach Rezept. Lieber lässt Sie sich von ausgefallenen Gewürzen zu eigenen Kreationen inspirieren. Das Erfinden neuer Gerichte und eigener Gewürzmischungen ist neben der Entwicklung von Medienkonzepten für Kinder ihre zweite Leidenschaft.

DIE FOTOGRAFEN

Jan-Peter Westermann (im Bild rechts) und **Nikolai Buroh** (im Bild links), beide leidenschaftliche Food- und Stilllife-Fotografen, sind die kreativen Köpfe der international gefragten Westermann Studios in Hamburg. Gemeinsam mit der Fotodesignerin **Bea Singer** (Bildmitte) arbeiten sie für renommierte Zeitschriften wie *Stern, Elle Bistro, Country, Living at Home* und *Feinschmecker*. Gemeinsam entwickeln sie fotovisuelle Konzepte für Redaktionen und Agenturen. Mit ihren ausgetüftelten Kompositionen von Licht und Farbe setzen sie lukullische Genüsse in immer neuen Spielformen stimmungsvoll in Szene.

Die Fotografen danken

Thordis Karlotta Rüggeberg (Mitarbeit), Maria Grossmann (Styling), Pio, Roland Geiselmann, Rocco Dressel, Maren Jahnke, Alexandra Böhme und Maik Schacht (Foodstyling).

Programmleitung: Doris Birk

Leitende Redakteurin: Birgit Rademacker

Konzept:
Alessandra Redies, Birgit Rademacker

Kreativer Input: Sebastian Dickhaut

Redaktion: Alessandra Redies

Getränketipps (S. 209): Reinhardt Hess

Lektorat: Claudia Schmidt

Korrektorat: Waltraud Schmidt

Layout, Typographie und Umschlaggestaltung: Sandra Gramisci, independent Medien-Design, München

Herstellung: Petra Roth

Satz: Knipping Werbung GmbH, München

Reproduktion: Fotolito Longo, Bozen

Druck und Bindung: Printer, Trento

ISBN 3-7742-6197-0

Auflage	4.	3.	2.	1.
Jahr	2007	06	05	04

DAS ORIGINAL · MIT GARANTIE · GU

Das Original mit Garantie

IHRE MEINUNG IST UNS WICHTIG.
Deshalb möchten wir Ihre Kritik, gerne aber auch Ihr Lob erfahren, um als führender Ratgeberverlag für Sie noch besser zu werden. Darum: Schreiben Sie uns! Wir freuen uns auf Ihre Post und wünschen Ihnen viel Spaß mit Ihrem GU-Ratgeber.

UNSERE GARANTIE: Sollte ein GU-Ratgeber einmal einen Fehler enthalten, schicken Sie uns bitte das Buch mit einem kleinen Hinweis und der Quittung innerhalb von sechs Monaten nach dem Kauf zurück. Wir tauschen Ihnen den GU-Ratgeber gegen einen anderen zum gleichen oder einem ähnlichen Thema um.

GRÄFE UND UNZER VERLAG
Redaktion Kochen
Postfach 86 03 25
81630 München
Fax: 089/41981-113
e-mail: leserservice@graefe-und-unzer.de

GRÄFE UND UNZER

Ein Unternehmen der
GANSKE VERLAGSGRUPPE